常书鸿全集

敦煌壁画漫谈

学术顾问　饶宗颐　樊锦诗　柴剑虹

主　　编　常沙娜

执行主编　陈志明

常书鸿 著

CNS 湖南文艺出版社

图书在版编目（CIP）数据

敦煌壁画漫谈 / 常书鸿著 .—长沙 : 湖南文艺出版社，2022.6（2023.3重印）
（常书鸿全集 / 常沙娜主编）
ISBN 978-7-5726-0028-9

Ⅰ.①敦… Ⅱ.①常… Ⅲ.①敦煌壁画—研究 Ⅳ.① K879.414

中国版本图书馆 CIP 数据核字（2021）第 012453 号

敦煌壁画漫谈

DUNHUANG BIHUA MANTAN

作　　者：常书鸿
主　　编：常沙娜
执行主编：陈志明
出 版 人：陈新文
监　　制：曾昭来　谭菁菁
策　　划：吕苗莉
统　　筹：李　涓
责任编辑：吕苗莉　李　涓　谢朗宁
校对统筹：黄　晓
校　　对：刘　波
书籍设计：萧睿子
排　　版：百愚文化
印制总监：李　阖

出　　版：湖南文艺出版社
　　　　　（湖南省长沙市东二环一段 508 号 邮编：410014）
网　　址：www.hnwy.net
印　　刷：湖南省众鑫印务有限公司
经　　销：新华书店
开　　本：880 mm × 1230 mm　1/32
字　　数：157 千字
印　　张：7
版　　次：2022 年 6 月第 1 版
印　　次：2023 年 3 月第 5 次印刷
书　　号：ISBN 978-7-5726-0028-9
定　　价：90.00 元

百折不悔敦煌魂（代序）

常沙娜

我的父亲，著名画家常书鸿带着他那对敦煌艺术事业无限的希望和未竟的遗憾，走完了他那充满拼搏的人生征途。但他的一生与我的成长道路却是如此地紧密相连，他一生中的坎坷成败与悲欢离合，他那锲而不舍的无私献身精神，时时都在滋养着我的心灵，深深地影响着我的人生观和艺术经历。

一

父亲经常说，自从他在巴黎塞纳河畔的书摊上见到伯希和的《敦煌石窟图录》，他后来的命运，也包括我们全家的生活，都与敦煌紧紧地相连，并结下了不解之缘。半个世纪以来，父亲乃至我们全家虽然先后在敦煌都经历了人间的悲欢离合，但情和魂却永系敦煌！父亲给我留下的最深刻的印象，就是不论遇到何种困难险阻，只要是他认定了的，他总是带着自信和不屈服于命运的那股犟劲（他自称是"杭铁头"），坚持着他对信仰的执着追求，并用这种精神锤炼着我，教育着我。自从我母亲不幸出走，为了敦煌的艺术事业，为了支撑这个家，照料年幼的弟弟，父亲在痛苦中毅然决定让我从酒泉的河西中学退学回千佛洞，并亲自为我安排了周密的文化学习计划，我一面承担家庭的生活重担，一面随他学习临摹壁画。他规定我每天必须早起，先练字（以唐人经书为字帖），后学法语（练习朗读法语一个小时）。他请董希文先生帮我辅导语文和西洋美术史，还请苏莹辉先生辅导我中国美术史。此外，他更要求我与大人一样每天上班去洞窟临摹壁画，并严格要求我从客观临摹着手（当时分为客观临摹、复原临摹、整理临摹），由表及里，顺着壁画原来的敷色层次来画，自北魏、西魏、隋、唐、五代、宋等朝代的代表洞的重点壁画全面临摹一遍。在临摹唐代壁画时，先让我向邵芳老师学习工笔重彩人物画法，由此给我打下了造型基础。父亲在每个环节上都必然耐心地指点，要求一丝不苟，从来不因为我年纪尚小可以比大人少画或随意些，相反，都以大人的标准和数量来要求我。每逢傍晚他也让我参加大人的行列，学会自制土黄、土红、锌白等颜料，还用矾纸、桐油油纸，以代替拷贝纸。这一切都引起了我极大的兴趣。通过对表面的客观临摹，他要求我逐渐把对壁画的时代风格、内容与形式、汉代传统与西域影响的特征的认识，从感性提高到理性。通过他的指点和董希文、潘絜兹等老师的示范，我很快就能得心应手地掌握各个不同时代不同风格的壁画的摹写。我在临摹的后期，尤对北魏、西魏、隋代的壁画产生了特殊的偏爱，很喜欢这个时期的伎乐人和力士。那些浑厚粗犷的笔触，加上"小字脸"的勾点，把神态和表情表现得具有洒脱的情趣和装饰性。父亲曾向我分析说："这与 20 世纪前半期法国画家鲁奥注重线条表现力的粗犷画风很有相似之处。"他借此向我介绍了欧洲各类画派的形成和特色。

二

后来，我又在沈福文先生以及来自成都国立艺专的沈先生的学生黄文馥、欧阳琳、薛德嘉的影响下，对敦煌的历代装饰图案如藻井、佛光、边饰等进行了专题的临摹。由于父亲鼓励我多方面接触和体会，从而了解整体的时代风格，由此掌握绘画的技法，在他亲自教导及其他老师的示范帮助下，我置身在敦煌这座艺术宫殿里，任我在浩瀚的传统艺术海洋中尽情地遨游。

敦煌的冬季漫长而寒冷，滴水成冰，洞窟内无法作画，父亲就利用这个临摹的淡季，组织大家在室内围着火炉画素描、速写，请来的模特儿都是当地憨厚纯朴的老乡，我也跟着大人一起学习画素描。他还利用冬季深入少数民族如哈萨克族牧民生活区体验生活，住蒙古包，骑马，吃手抓羊肉，他也利用这种机会画了一批生动有意义的速写。生活虽然艰苦，但非常充实，让我受益匪浅，许许多多的事情我至今难忘！

除了临摹画画、学习以外，我还要照顾年幼的弟弟和父亲的生活，这也迫使我获得了较强的生活能力。父亲就是这样因势利导地教育和培养着我。凡是他要求我去做的我都能愉快主动地完成，唯有早起练唐人经书体没有坚持，至今深感遗憾！

父亲那种锲而不舍的精神，使他在敦煌事业中突破一个又一个的困难。他善于将不利因素转化为有利的条件，他一方面承担着维持当时敦煌研究所的日常行政工作，一方面为争取保护敦煌石窟最基本的条件而开展对敦煌艺术的临摹研究工作，生活上还要培育未成年的子女。在西北沙漠荒山中，经济的困窘、自然环境的威胁等这一切对多年留学法国的画家、知识分子的父亲来说是难以想象的。但是父亲凭借他坚韧不拔的毅力，迎着困难一关又一关地顶了过来。他恰似当地的红柳，把根扎得很深，透过层层的沙石戈壁吸吮着有限的水分，凭着那细密的叶子，不论是严寒还是酷暑，都能转危为安，巍然挺立。

三

父亲既善于克服困难，又非常热爱生活，在困顿中寻找生活的乐趣。1946年夏，他从重庆新聘一批艺专毕业的大学生，购置了图书、绘画器材及生活必需用品，乘着新得到的美式十轮卡车，并带着我和弟弟重返敦煌。由重庆出发途经成都北上，经川北绵阳、剑阁、广元后进入甘南的天水直到兰州，经历一个多月的时间，行程1500多公里，长途跋涉，异常艰难。就在这样的条件下父亲居然提出要从重庆带上一对活鸭和一对活鹅,装在竹筐内并固定在卡车的前面,由我负责沿途喂食,同时还要照顾弟弟。很多朋友和老乡看到带着鸭鹅的卡车都觉得很奇怪,父亲却风趣地说:"也让它们移居敦煌,让敦煌的老乡看看除了鸡以外还有鸭和鹅哩!"这两对鸭、鹅陪伴着我们经过千辛万苦终于到达千佛洞,并在此定居下来。来年春天即开始下蛋,繁衍生息。四月初八千佛洞正值浴佛节的庙会,热闹非凡,老乡看到已破壳而出的小鸭子,都稀奇地问道:"这小鸡子咋会长出扁扁嘴?"从此,千佛洞和敦煌县就开始有了鸭群。父亲还从四川带回各种花籽播撒在千佛洞的生活区,开得最茂盛的要算是波斯菊,上寺、中寺的院内从此就盛开着红、粉、白、紫的潇洒秀丽的波斯菊,映着橙黄色的向日葵,衬托着蔚蓝的天空,把这些荒沙戈壁中的院落点缀得格外灿烂,这景色曾给我留下极深的印象。父亲爱惜着千佛洞的一草一木,自从40年代他定居敦煌后,就给千佛洞立下了规矩,每年都必须种植树木,要把树林带逐年向北延伸扩展。经过40多年的努力,新树林带已延伸到下寺一公里以外,这对改造荒沙戈壁的自然环境来说是件百年大计之举。凡在千佛洞待过的人都知道"常书鸿视树木如生命"。正因为如此,在"文革"那个年代,"造反派"批斗他时,竟然采用了高呼一次"打倒常书鸿"便砍倒一棵树给他看的手段,以此来达到更深地刺伤他老人家的目的。

四

父亲的一生是勤奋不息的一生，在我的记忆中他从来没有图过清闲安逸，而总是把自己的工作日程排得满满的。直到年老体弱、脑力不济，他才放慢了生活的节奏，但在他精神稍好时，仍在家中或病房中坚持画静物或写字，偶尔还书写格言。他多次教导儿孙们："业精于勤，荒于嬉。"而他对于敦煌艺术事业的热爱与追求，正是他始终念念不忘、奋斗不懈的精神动力！

"不入虎穴，焉得虎子"及"萨埵那太子舍身饲虎"的精神，始终激励着他，成了他工作不息的鞭策。父亲不是单纯从事创作的画家，而是有渊博学识的学者，他把中西文化与绘画史的学识，融汇在他从事了近半个世纪的敦煌艺术的研究与保护工作中。他既能高瞻远瞩，又能从最基础的工作着手，竭尽全力从残垣断壁中保护这座伟大艺术宝库中的一砖一瓦；同时还以博大胸怀，团结一批忠实于敦煌艺术事业的专家学者，更以精深的学识将敦煌艺术的保护和研究事业不断向前推进。

五

父亲是浙江杭州人，并至终乡音未改，他在西北 40 多年仍操着浓重的杭州口音。当他叙述起青少年时代在家乡的情景时，总是那样地依恋：如何提着个篮儿到河边去捞鱼虾，到坟堆地里翻砖砾找油黑的老蛐蛐……对于这些回忆他都讲得绘声绘色。1982年父亲有机会重返杭州参加他的母校——浙江大学85周年的校庆活动，1983年他又专门回杭州为浙大创作了一幅大型油画《攀登珠穆朗玛峰》，在此期间他又重温了他青少年时代的旧情旧景。1988年浙江美院在杭州又举办了他的个人画展，这些活动都更增加了他对家乡人的情意。但是家乡再好，父亲仍是"魂系敦煌"，当他临近九旬时竟然提出："我已老而不死，但以后死也要死到敦煌！"当时我很不以为然地说："您胡说什么呀，人家都说您半辈子都在保护敦煌菩萨，菩萨会保佑您长寿的。"他接着说："人总是要死的，如果死在北京，骨灰还是要送回敦煌的！"没想到这一席话竟真成了他至终魂系敦煌的遗愿——他是把敦煌作为维系他生命所在的"故乡"来看待的。父亲的部分骨灰也终于如愿地送回到这令他牵肠挂肚半个世纪的千佛洞。愿他伴着九层楼叮当不息的风铃与那窟群中的飞天永远翱翔！愿他与那千百年来为敦煌艺术付出心力的无数创造者一样，与敦煌的艺术永存！

父亲有过一句全家人都知晓的名言："我不是佛教徒，不相信转世，不过，如果真的再有一次托生为人，我将还是常书鸿，我还要去完成那些尚未做完的工作！我的人生选择没有错，我没有一件让我后悔的事！"

1991年6月6日，我在父亲的房间里看到他用毛笔工工整整地写了这样一段话："人生是战斗的连接，每当一个困难被克服，另一个困难便会出现。人生就是困难的反复，但我决不后退。

我的青春不会再来，但不论有多大的困难，我一定要战斗到最后！——八十八叟常书鸿"。

父亲是这样说的，也是这样做的。这就是曾被世人赞誉的"敦煌守护神"的常书鸿对人生的真实写照！

将父亲毕生之作整理出版，是我多年来的心愿。在湖南文艺出版社的持续推动下，《常书鸿全集》即将付梓问世。欣喜之情，难以言表。此时，父亲百折不悔守敦煌的一生，令我追思无限，谨以这篇旧文代序，怀念我的父亲，纪念《常书鸿全集》出版。

写于 2021 年 12 月

目录

《敦煌石室画像题识》序　　　　　　　　　　　　001

敦煌壁画的临摹工作　　　　　　　　　　　　　　003

从出土文物展览看卓越的汉唐墓室壁画　　　　　　011

从敦煌壁画看历代人民生活　　　　　　　　　　　016

阿旃陀和敦煌——纪念印度阿旃陀石窟艺术1500周年　019

敦煌壁画中的历代人民生活画　　　　　　　　　　026

谈敦煌图案　　　　　　　　　　　　　　　　　　035

《敦煌壁画集》序言　　046

漫谈古代壁画技术　　061

敦煌莫高窟壁画　　072

从"人大于山"说起　　086

敦煌飞天　　090

附录一　　102

附录二　　121

出版后记　　207

《敦煌石室画像题识》序

敦煌石窟始建于东晋永和九年（353）①，至今已历1594个春秋。在这悠长的过程中，我们研究敦煌佛教艺术作风系统的分类，差不多全凭历代供养人题记年代作判断的标准。例如第168窟（即张编第75窟，伯编第117窟）：规模之大，制作之精，可以说是晚唐以后的代表作；从壁画作风来判断，应该属五代系统。但以该窟东壁门北供养人第7身"大朝大于阗国天册皇帝第三女天公主李氏为新受太傅曹延禄姬供养"的题记，证诸罗振玉《瓜沙曹氏年表》"太平兴国五年归义军节度使曹元忠卒……授延禄归义军节度使"，则推断该窟建于宋太宗之世（975）②，已脱出五代的范围了。此外，历代服装制度的变更阶段，我们还可以借供养人题名来

---

① 编者注：一说始建于前秦建元二年（366）。
② 编者注：975年为宋太祖之世，太平兴国五年为980年。

识别。例如第 61 窟同条题记"大于阗国第三女天公主"的服装冠饰，与第 9 身曹议金妻"巨鹿郡君夫人索氏一心供养"的汉服全然不同。凡此种种，都可以证明题记的重要。可惜的是，供养人的地位往往在壁画的下首，因此磨灭的机会较经变故事画的题记为多。我们担心这种宝贵字迹（有）日渐褪失的危险，所以在本所 1943 年创立之始，即请史岩先生着手这一件基础记录工作。由于题记本身的漫漶与大部分洞窟光线的不好，往往一字的辨识，要经过长时期的推敲，所以这种工作，是相当艰苦的。

在史先生离去千佛洞的一年中，我们又把供养人的图录也画好了。这部"题抄"原是想跟"图录"同时出版的，但是印刷出版费用浩大，我们没有这种经济能力。

现在幸得五大学比较文化研究所与华西大学博物馆帮助，使这本稿子得以早日问世。我想不但原作人史岩先生得以安慰，而且敦煌艺术研究所的同仁也极引为欣幸。

1947年2月20日

编者注：原载《敦煌石室画像题识》，比较文化研究所、国立敦煌艺术研究所、华西大学博物馆，1947年2月。

敦煌壁画的临摹工作

我们这一群美术工作者，尽管是抱着同样向慕虔敬的心情，抱着同样向古代艺术学习的态度而来敦煌，但真正在思想观念上得到统一，则是在面对着这一无比伟大丰富的艺术宝藏，经过了一段艰苦的临摹工作之后；确切点说，也就是（临摹工作）使我们这些过去自认为有相当艺术教养的人，开始明白了自己底（的）无知与愚昧之后。

用不着叙述敦煌壁画的精美伟大，与其在历史上、文化上、艺术上底（的）价值，这是每个人都可以理解的。要发掘得深一些，则是艺术史专家的事情。作为一个美术工作者，主要的是怎样勤勤恳恳，忠于其事，把它介绍给全国人民，介绍给全世界人民，使他们一致认识我们祖国艺术的优良传统和光辉成就，使这在边陲沙漠湮没了数百年之久的古代艺术作品，重新放射出它应有的光芒。

这就是敦煌壁画临摹工作，也就是我们八年来主要的工作任务。这任务不独是国家给我们的，也是美术工作者所共同具有的责任感使我们不自量力地负荷起来的。说到这一点，我们比任何人都更深切地感到痛心，因为敦煌壁画，经过千百年的历史变动，其间受自然力的破坏、人为的破坏，特别是近五十年来帝国主义者一连串数不清的罪行，已把它弄得疮痍遍体，非复本来面目了。虽然研究所成立以后，特别是人民政权建立之后，人为的破坏不会重演，也不允许重演，一部分自然力的破坏，也可因防风沙的设备逐步减轻，但时间本身对于壁画的破坏，还是无法避免的。它一分一秒地、缓慢地、可怕地夺去了壁画的光彩和生命。我们重翻一下伯希和的图录，（发现）有许多壁画在这短短三四十年当中，已经没有了，或褪色了，在目前我们还没能掌握足够的科学知识和设备来防止它，临摹工作便成为头等迫切的重要任务；因为我们至少还可以用这个方法，在纸上、在印刷上完成一种补救工作，使它有无数化身，无限止地传播绵延下去。

这工作是非常艰巨的，决不是我们几个艺术修养和技巧都很不够的人所能担当得起来的。不过我们不能等具备了那样的条件再来做，要从我们开始，要在这个有锻炼性的工作中摸索出一条道路，学习一些东西，工作的过程，也就是学习的过程。

于是我们开始工作，这真是一场艰苦的斗争。这艰苦不属于

常书鸿临摹第369窟壁画（敦煌研究院供图）

生活方面，因为我们在生活上早有了吃苦的决心和打算。这艰苦乃是在：我们必须从此时此地的客观环境中创造出一切能够逐渐进行工作的必要条件来。

研究所的成立，正在抗日战争最艰苦的时期，大后方交通阻断，物资缺乏。首先使我们感到困难的是纸必须从四川来，纸质也很坏，笔都是本地做的，简直没法使用。至于颜料则更可怜了，连硬化了变质了的马利颜料都成了至宝，这样的材料工具，在过去，我们一定会认为（是）无法作画的，尤其要临摹这样有历史性的巨幅精工壁画。但我们终于从种种试验中，渐渐地适应着且有所创造和改进，初步地克服了材料工具的困难。

首先是纸的问题，因为我们临画用的纸张大部分都是吸水的连史纸，不能上浓重的壁画颜色，为了克服这个困难，我们自己动手矾纸与裱褙，经过了许多次的失败，终于解决了纸的问题，可以使它厚薄适度，大小合用，可以控制它底（的）性能，使它适宜于一定的表现。在笔的方面，我们也逐渐熟悉了它的性格，我们可以自由挥写，乃至为了延长一支破笔的工作寿命我们常常剥取了表面的短毛，使它保持尖锋依然发挥它底（的）妙用。至于颜料，则更有趣了。我们在不得已（的）情形下，就直接采用了石灰、黄土、红土（事实证明，这是最好的、经历千年都不变的颜料）。又把油漆粉刷用的色粉碾细来用，这都是价格极廉的，每天晚上，我们工作完了在一起谈天，手里都捧着一碗颜料在仔细磨碾，这成了我们生活的一部分。为什么在粗糙的红土、黄土中，都有着我们深厚的感情，这理由是不难索解的。

材料工具的困难解决了，别的困难还是有的，例如多数洞窟都非常黑暗，不能不利用灯光。我们常常一只手拿了洋烛或油灯，一只手作画。而这样，对于整个画面就不能照顾。一些较亮的洞窟，下午的光线微弱模糊，往往只能做半天工作，洞窟中光线不足不仅不利于摹画，而且对于参观也极不便。有许多洞窟很高很大，要用梯子爬上去看一笔再爬下来画一笔，尤其是画最高处的窟顶更困难，我们甚至没有一面较大的镜子，许多复杂精致的藻井图案都是在极费力而且极易疲累的情况下进行摹写的。而且敦煌当地的气候，冬季特别长久，一到十月就结冰了。颜料凝冻，手指僵硬，阴凄凄的洞窟里已不能着手，一直要到来年四月才开始转暖。因为燃料的缺乏，一年中差不多有半年的时间，只能在室内做一些研究整理的工作。这是临摹工作最大的痛苦。也是目前还不易克服的气候所给予的困难。

现在可以说一点临摹方法了。在进行这一工作之前，我们先有一个原则，就是必须忠实于原状，因为我们虽明知现存壁画颜色褪变，线条剥落，早非本来面目，但这正足以说明它底（的）历史，我们也是要做复原工作的，也企图回复它底（的）本来面目，但这是将来的事。在目前，我们还没有足够的科学知识能完全正确地推断色彩的演变情况，就不能自以为是地来做这工作，如张大千所做的那样。不过我们多少也画了一点，这是纯属试验性质的，只为说明这些壁画，在当时可能是这样华丽鲜明炫目而已。

至于题材的选择，最初因为我们感觉壁画太多了，美不胜收，不知从何着手，便比较武断地选一些为自己所爱好的，自己认为有代表性的作品来临摹，结果是盲目的无计划的，浪费了不少时间和精力。后来我们从分类资料入手，如建筑、图案、人民生活、舟车、服饰、面相手足……由专人负责搜集，画幅大小亦由原大或放大或缩小，使之统一。临摹方式是绝对不许印模壁画的，因为过去这种作风，曾毁损了很多的壁画。

临摹工作，好像是简单而实际并不简单的工作。它需要有非常的耐心和高度的技术。我们往往为找出一条线而费去很多时间，为辨认一个字而反复研究无数次。自然限于我们底（的）能力，还做得很不够，但我们实在是谨慎努力地做了，也学得了不少东西，这就是说，在工作中我们有了收获。我们底（的）劳动〔一个美术工作者的劳动有它底（的）特殊性，我们的劳动是结合着体力来进行的〕不是徒然的。

第一点使我们认识到的是可惊的劳动人民底（的）智慧创造。过去资产阶级的艺术教育，使我们只看到一面：画是文人学士的事，与工匠无缘。画必有书卷气才雅而不俗，工匠的作品是不能登大雅之堂的。我们也真的相信了这种见解，只希望由个人来创造完成，各自走了许多年的瞎路。面对敦煌壁画越久，就越觉得传统艺术观的谬误。这（是）无数先代的工匠们发挥了集体的智慧和力量创造出来的艺术作品，他们在如此困难的条件下，在极高的窟顶和地面的底层，无论他们躺着画，卧着画，都用了如此精纯的技巧，一丝不苟地描画着，线条是如此流利工整，就是我们在铺平了的纸上画起来都感觉困难的。这种高度的技巧，决不是我们所能想象的。而这种严肃认真的创作态度，更不是以笔墨为游戏的士大夫们所能做到的！

第二点是使我们真正认识了祖国艺术遗产的丰富和伟大，使我们对于祖国的热爱也增加了。我们过去只看到一点元、明以来的文人山水花鸟画，就觉得很可夸耀了。那些作品与敦煌壁画相形之下，是显得如何片面、贫乏、浅薄、可怜呵！我们竟不知道祖先还给我们留下了如许丰富的宝藏。在这里，不仅保存了自有中国画以来的正宗人物画传统，可以使我们追忆起黄金（时）期的唐宗寺观无比宏伟壮丽的壁画面貌（它们和这一样，是以吴道子为代表，属于工匠系统的）；此外它还提供了无数最正确的社会史料，这是研究历史最生动、最真实、最可珍贵的第一手的、直接的、形象的材料。

总之，敦煌壁画给了我们无量感兴和启发，给了我们深刻的教育。它是我们取之不尽、用之不竭的艺术创作源泉，它是我们底（的）至宝，我们底（的）荣誉，我们底（的）骄傲。——虽然它曾经历了那末（么）多的灾难，它底（的）幸存恰是一页血泪斑斑的历史，也正因为这一点，更值得我们用全身心、全生命来爱它，不让任何人再损害它！

随着中国革命的胜利，中华人民共和国的成立，国家政权属于人民了，古代的优秀文化艺术遗产，曾长期被埋没，被冷落，被帝国主义者掠夺、侵占、破坏，蒙蔽了它底（的）光芒的，也开始回到人民手里，成为广大人民的共同财富，重新放射出它应有的光芒了。敦煌壁画，原来是劳动人民辛勤创造的成果，我们尊重它，不止是在这一点，重要的还是要继承这一优良的艺术传统，从这里面汲取营养，获得借鉴，来创造新的人民美术。我们的临摹工作，只是学习、认识、理解、批判接受古代艺术遗产的一个准备和开端的工作。我们并不满足于现有的成绩，还需要做更进一步的努力，有个长时期的工作，将它更有系统、更完美地贡献给新的伟大的国家和翻过身来重造历史的伟大劳动人民。

常书鸿　董希文　张琳英　李　浴　李承仙
常沙娜　邵　芳　张民权　段文杰　范文藻
黄文馥　欧阳琳　孙儒僩　史苇湘　周绍森
乌密风　赵冠洲　龚祥礼　潘絜兹　霍熙亮
（本文署名：一群临摹工作者；由潘絜兹执笔）

从出土文物展览看卓越的汉唐墓室壁画

反映中国古代社会意识的造型艺术，从出土的与现存的文物来看，可以分为两个不同的部门：一是用在死人方面的墓葬明器与墓室壁画；一是活人使用过的历朝封建统治者的宫殿建筑、祭祀礼品、生活用具以及服务于宗教的寺庙建筑造像与壁画。

由于要求的目的与作用不同，古代艺术家是采用不同的心情、不同的表现形式与方法来制作的。例如作为古代奴隶主或封建统治者"子孙万代世世宝用"的青铜器来说，那上面雕刻的纹样是由精确方正的几何形与可怕的饕餮怪兽平行对称的布置组合起来的，从这上面，可以体验出一种冷酷、严厉的恐惧心情。

从西安出土的匍匐在地面上的大陶俑可以看出，唐代艺术家是如何尖锐地观察事物，并能善于运用纯熟的技法，把当时那些为统治阶级所御用的奴才在他们主子面前"诚惶诚恐"的神态动作刻画出来。

同样，这次出土的墓室壁画，从题材内容与表现方法看，洋溢在画面上的栩栩如生的人物动作与表情，就远非一般宗教壁画那样或多或少受着佛经中的规律影响所产生的作品可比。在寺院或窟庙中描绘壁画时是墨守成规地局限在呆板固定的规律中，而墓室画像主要是（对）人物生活和表情的刻画。

从河北望都县汉墓室壁画开始，我们就发现这批《汉书》中"门下贼曹""主记史""主簿""门下小史"与"辟车伍伯八人"那几幅供养人物画，相同的两颗眼珠汇集在眼角，似乎是望着已死主人而目瞪口呆，与其说是悲哀，毋宁说是惊惶。这是（在）过去许多汉画像和汉画像石（中）所未曾见过的新的发现。

其次要指出的，主记史、主簿两幅中衣褶的烘染以及运用彩色墨水的方法，可以联系山东武梁祠石刻画像来进一步认识汉画优良的现实主义传统，除掉善于表现人物动态与表情外，同样也善于表现光暗与体积，具备了造型艺术最完美的现实表现的条件。

唐代墓室壁画，在汉壁画现实主义传统的基础上发展起来了。

首先要指出，陕西咸阳出土的墓室壁画与唐代佛教画，并无相似之处。咸阳底张湾唐墓墓门两壁的供养男子像，是个不戴冠饰的壮年男子，具有与汉墓壁画一脉相承的眼，即眼珠静止在眼角而两眼直视，表情恐惧，双手捧持果盘，上身向前微斜的姿态增强了僵滞愕然的神情。

另一个梳了双髻的捧盒的年青女侍，画家用简单的笔触，从这个姑娘面部紧锁的眉与停滞在眼角的眼珠，刻画出她似乎傲慢而愤怒的表情；从她宽厚的画眉、朱唇与晕红而丰满的两颊，可看出画家是用矛盾的对比巧妙地安排少女内在、外表不相调和的情感。

与上图同一个姿态可以看出两个不同性格的典型的，是底张湾唐墓西壁的一幅高髻双手捧物的女侍画像。这个善良的女性，她仰首直视的形象是结合着惊愕与恐惧表情的。

底张湾唐墓东壁的一个梳着双髻的女孩，她正面的身体向右微斜，眉目间表现着忧戚情绪的脸，尤其是微向下垂的眉角与半开的似乎浸润在眼泪中无神的眼珠，说明这个女子与死者可能是有亲属关系的。

墓室东壁有一小方残破的壁画头像，是一幅代表唐代优秀现实主义传统的杰出作品。整个面相的悲哀表情是从微向右额压下去的幞头开始的，加上眉额间的一条皱纹，左眼眉下与眼角间的一条皱纹，使向下垂的一双眼珠向眼角集中，紧锁着眉……这里由几条笔画组合成的眼眉与前额的关系而产生了"悲"的表情，关键在于额上、眼上、眼下的三条皱纹。因为当人在悲哀的时候，整个颜面使眼皮的神经压缩着眼睑，就是眼皮紧闭着哭泣起来的表情了。这幅画中的人，似乎是勉力要看死者最后一眼，用另一部分神经把眼皮勉强地吊起来，支持眼睑不致下垂，于是宽弛的皮肉出现额上、眼上、眼下的三条皱纹。同样的，上唇与颊之间也有了明显的皱纹，勉强地要把嘴张开来，把差不多要哭出声来的表情用简单几笔如生地刻画出来了。这幅杰出的壁画，虽然只是一方残壁，但是它所代表的是伟大的唐代现实主义与陈代姚最在《续画品录》所介绍的谢赫作风："貌写人物，不俟对看，所须一览，便工操笔；点刷研精，意在切似，目想毫发，皆无遗失。"它与这一优秀传统是一脉相通的。这幅画的可贵，是在它笔致的简练，除了眉、眼、嘴角间的几笔外，额下自密而疏的几根头发与眉上的几笔，可以完全证明"目想毫发，皆无遗失"的描写是极其正确的。

上面几幅供养人的衣褶与流利、挺秀、卓拔、精力旺盛的笔致，我们又仿佛看见"立笔挥扫，势若风旋"的画史上吴道子挥毫的一种韵律。这种韵律，除了画面上那种微带压缩气力而饱满的笔致外，不可能由简单平稳的铁线描传达出来。我们虽然不知道上面列举壁画作者的姓名，但是我们有理由怀疑，是出自唐代长安某一个杰出画家手笔的。

白沙水库出土以描写死者生活为主题的几幅宋代壁画，虽然在艺术成就上没有咸阳出土的唐代壁画那样突出，但是描写生活的主题与现实的手法，是如此生动翔实地为我们遗留下宋人生活的实况。

一幅死者夫妇对坐图，桌上排列着茶壶与茶杯，背后是两扇屏风，屏风后面还环立了四个侍女，把男女主人穿着便装"正襟危坐"地摆在画面的前列。没有表情的脸与僵硬的姿势，正是画工们巧妙地传达出来的当时统治阶级在漫长岁月中百无聊赖的光景。四个侍女的脸部，仍旧沿袭汉唐墓室壁画供养人的传统，眼珠落在眼角，加上下垂的眉，似乎还有悲哀的表情。这幅画中，特别要指出的是，显示在茶杯、茶壶与桌下椅座间的光线、投射的阴影。这说明了宋代文人画正在发展为形式主义的另一方面，工匠、画家却依然在现实主义优良传统下留给我们如此珍贵的东西。

另一幅壁画是描写女主人生前在仆人侍奉下对镜梳妆的情况，全画人物的各种动作，在极其严密的结构组织下，烘托出画中翘首弄姿的主体。

山东济南凤凰岗元墓壁画，也是描写元代人民生活的供养人像。这两幅壁画的内容与技法虽然没有什么突出的表现，但是提供了历史资料，使它们得以与汉、魏、六朝、隋、唐、宋、元与现存的明、清壁画历史传统连接起来。

编者注：原载《文物参考资料》1954年第10期。

从敦煌壁画看历代人民生活

敦煌壁画的伟大，在于它历史时代的久远、内容的丰富和它所反映的自 4 世纪到 14 世纪 1000 年的中国封建社会意识形态的逼真与翔实。

由封建统治帝王所御用的史学家描写的中国历史，多半是以帝王将相为主体，充满了歌功颂德、欺骗后世的谎言，我们很难从字里行间看出长时期被奴役的万千人民群众的活动。

连御用的中国美术史也是只把画家歌颂统治阶级的作品世代相传地留下来，著名的 4 世纪顾恺之的《女史箴图》和 7 世纪阎立本的《历代帝王图》就是最显著的例子。

敦煌壁画却替我们填补了这个缺陷。

大家都知道，千佛洞是一个佛教中心，千佛洞的壁画多以佛教内容为主题。我们勤劳又智慧的古代画工们却善于从佛经故事取材，刻画出一千五六百年间人民生活的种种，他们的手笔，使我们知道中国绘画除历史上所记载的《历代帝王图》等之外，还有历史典籍不会记载的"历代人民生活相"。

　　下面描绘的就是从敦煌壁画中所选出来的描绘历代人民生活的几幅代表作。从"马夫与马"一画中，我们可以看到北魏时代赤足裸臂的马夫用力驾驭一匹骏马的情况。在"伐木者"一画中，我们可以看到隋炀帝奴役人民，筑运河、修宫室而为个人巡幸；赤身裸体的砍树者——当时被征用、被奴役的平民，在山林旷野间辛勤砍伐。"舞乐"一画是隋代舞乐人正在林中演奏的情形，它的观众却是统治人民的"孤家寡人"。"狩猎"一画，可能同样是统治者的娱乐吧。这里，我们看见的围猎景色，不是在深山旷野，而仿佛在一个假山假水的人造的御花园中。"纤夫"一画中，唐代现实主义的画家是如此心灵手巧地运用他们的智慧与力量，尖锐地刻画出统治与被统治阶级两个截然不同的对立典型。金碧辉煌的大场面中，可以发现如此突出地表现着牛马一样倾倒了身子用肩膀在河边上拉纤的劳动人民。这个形象刻画得如此生动，使我们联想到19世纪俄罗斯人民艺术家列宾《伏尔加河上的纤夫》所塑造出来的那些劳动人民的形象。这里由于变色的关系，虽然已不能辨别脸上的表情，但是他们张开了的手指与用脚尖顶住地面的姿态，分明表示出支持不住的辛劳的动态。"雨中耕作"一画反映出：一面农民为了生活，在不避风雨地耕作；另一面却描绘了安坐着饱食终日、无所事事的显然属于地主阶级的享乐场面。"修建图"一画，描写修建房屋，劳动人民采取原始的工作方法，用绳子把梁木拉上去，把砖石抛上去。这说明统治阶级所享乐的宫殿楼阁，无一不是劳动人民用血汗修盖起来的。唐代"狩猎图"，这幅代表唐代优秀的现实主义传统的画，画出了在马的奔驰与举弓满弦的猎人姿态互相配合的一刹那。"百戏图"是晚唐张议潮夫人宋氏出行图前仪仗队的百戏表演，我们可以看到那个头上顶了四个人在耍舞十字竿的主角，在如何用力平衡的动作。那是从现实中体现出来的生动形象。"耕作与收获"一画，很好地描绘了当时劳动人民在田野间耕耘、收割与扬场三个农事过程。但那衣冠周整的宋代劳动人民的形象，使我们体会到宋代理学深入社会各阶层①，于此活生生地意味着古书上所说的"文质彬彬"的意思。

---

① 编者注：理学真正深入社会各阶层是在明朝。

阿旃陀和敦煌——纪念印度阿旃陀石窟艺术 1500 周年

一

中印两大民族（编者注：此处应为"中印两国"）悠久的和平、友爱的历史，是在两个民族无私地互相尊重与合作的基础上，通过文化交流和经济往来等积累而成的。今天，当我们中印两国人民的友谊和文化交流的关系进入了一个崭新阶段的时候，重新提一提那些旧事，那些标志着我们的祖先在文化、经济方面合作和交流的历史，对于进一步发展中印文化交流、加深中印两国人民的友谊，是有很大益处的。阿旃陀和敦煌——中印两国佛教艺术宝库的创建和发展，就是标志中印文化友好交流的重要事件之一。

1951 年，我曾经光荣地以访问印度文化代表团团员的身份，亲身到过并详细地观看过阿旃陀瑰丽、精致的壁画。我是一个长期从事敦煌艺术研究工作的人，4 年前参观阿旃陀壁画的深刻印象，一直萦回在我的记忆中；同时，每日手边接触到的工作由于追源溯流也时常使我接触到印度和印度文化。因此，我从声息相通的历史文物的线索中，仿佛看到两千多年来中印两国人民和平友爱地互相学习、互相影响、互相创造发明的情况。

二

从阿旃陀和敦煌两个石窟群创建的时代来说，阿旃陀早于敦煌 500 年。从两个石窟群壁画制作的时代来说，敦煌壁画早于阿旃陀壁画约 100 年。今年我们纪念庆祝阿旃陀石窟艺术 1500 年；再过 10 年，到 1966 年的时候，敦煌石窟艺术的创建历史就满 1600 年了。

敦煌这个古老县城的历史开始于汉武帝元鼎六年（前 111），那时敦煌是汉代的河西四郡之一，又是河西最西的城市，因此在历史和地理方面都占有重要的位置。正如《汉书·西域传》的记载："东则接汉，厄以玉门阳关。"《隋书》引《西域图记·序》所载的："发自敦煌，至于西海……总凑敦煌，是其咽喉之地。"敦煌又是通过新疆到达印度和中亚细亚以西各国的枢纽。因此，敦煌与中西文化，尤其是与中印文化、经济交流的历史有着重要的关系。

敦煌和印度的文化、经济关系，可以从公元 5 世纪时敦煌妇女就有模仿印度长裙的记载、从 1900 年发现的石室藏经中古印度文的写本（中）得到证明。敦煌石室是公元 366 年在中印文化互相合作基础上开始修建的。从早期修建的窟型、塑像和壁画的风格上，都可以辨认出中印两国文化交光互映的迹象。

阿旃陀石窟寺的修建，应该追溯到公元前 2 世纪阿育王亲自提倡下的印度佛教正在发展的时期。自释迦牟尼寂灭 200 余年后，一些受了佛弟子说法影响而皈依佛法的高僧，为了礼拜佛陀和研究佛经，组织了"圣迦"的结集。他们要选择一个远离世俗的山林深处作为结集的场所，在孟买东北 483 公里德干高原的大彼帝河畔找到了他们认为满意的地方，并且把这个地方命名为含有"世外"意思的阿旃陀。于是开始在悬崖峭壁上人工开凿了最早的一个石窟，这就是现在编号的第 10 窟，即高 57 米、宽 51 米、进深 120 米的大神殿。这个神殿建筑，根据印度考古学家最近的考证，断定是公元前 2 世纪所建。这个神殿自从建立之后，声名远播，远近来山朝拜的僧侣络绎不绝。接着，又在不同的时期陆续开凿了一些石窟，一直到玄奘在公元 638 年到此巡礼的时候，总共修建了 29 个神殿和精舍。这 29 个石窟，在 8 世纪开始随着印度佛教的衰败又经过千余年的荒凉冷落，直到 1819 年（被）英帝国殖民统治的官员意外发现时，已沦为虎穴和蛇窟。

这 29 个石窟，大体都是模仿印度早期木构建筑的特点，在整座石山中凿刻而成。石窟内部除早期的舍利塔及晚期的造像和富丽精致的柱梁浮雕装饰外，窟顶与石壁上都有壁画。有些洞窟壁画的设计是和洞窟建筑相适应的（如第 1 窟、第 2 窟），有些是属于后画或重画的，和洞窟建筑的时代不一致（如第9窟、第10窟）。因此，壁画制作的年代至今还有许多不同的说法。当1819年阿旃陀石窟被英帝国主义的殖民官员发现之后，壁画的命运，就像解放以前的敦煌似的，一直遭受帝国主义分子的盗窃与毁损。根据1879年的调查报告，有壁画的洞窟还有16个，但经过多年的摧毁之后，到今天有壁画的主要洞窟只剩下第1、2、9、10、16、17等6个洞窟了。这6个洞窟的壁画制作年代从它们的作风上大约可以分为早、中、晚三个时期：

早期壁画（4世纪以前），第9窟与第10窟；

中期壁画（5世纪左右），第16窟与第17窟；

晚期壁画（7世纪），第1窟与第2窟。

从4世纪到7世纪的400年中，正是印度笈多王朝民族艺术复兴期的黄金时代，因此阿旃陀壁画在印度艺术史中占有极其重要的地位。

阿旃陀三个时期壁画的内容包含了两种主题：第一种是采取大乘佛教美术中描写释迦牟尼出世之前无数世的舍己为人善行的本生故事；第二种是描写释迦牟尼在世一生行传的故事。两者都结合了神话传说和佛经上的譬喻，用现实的人生活动体现出来。

大概早期的壁画在形式、线描和色彩方面，都比较沉着、朴实。如第9窟六牙象故事那样采用结实厚重的线描和古朴的颜色，仅仅运用了极简单的烘染方法来表示人物的光和体积。

阿旃陀中期和晚期壁画的艺术作风，在人物表情和色彩运用方面有显著的进步。例如第17窟神龟左侧那幅有20米高的壁画，描写释迦牟尼在成佛后回到自己家来接受他的妻、子的参拜。画面上绘着一个穿着黄色袈裟的释迦牟尼的巨像，前面有两个比较矮小的妻与子的形象，他们仰首望着已经成佛的丈夫和父亲。为了强调表现的效果，壁画画家采用对比的方式，从色彩上、从大小的尺度上、从母子面部的表情上来刻画这一种错综复杂的心理变化。从母子眉目和嘴角上的表情，我们体会到在这一场长别后的家人团聚，感伤成分多于快乐成分。这是一个从人的现实观点出发的艺术家真实感情的流露，也是今天大家易于接受的"不羡神仙"的道理。

应该指出，一切以佛传和佛本生故事内容组织结构出来的阿旃陀壁画的画面，像敦煌壁画所具有的特点一样，全是从人民生活的角度来描写的。画家们不但知道生活，而且知道从感情上、从思想意识上来体现和表现生活。阿旃陀壁画，就是印度卓越的艺术家运用印度民族所特有的富丽的色彩刻画出来的印度人民的丰富感情。这种丰富的感情，同样表现在（对）自然风景、花鸟、动物的描写上面。

三

阿旃陀和敦煌——中印两大民族佛教艺术宝库的壁画内容，大都取材于佛传故事和佛本生故事，它们都是采用富有现实主义精神的民族技巧而描写下来的古典艺术的杰出代表。中印两民族的绘画，不但善于运用长短不同的线描概括形体轮廓，并含有光暗彩色的作用，而且赋予人物形体轮廓以表现动作和力量。当4世纪敦煌艺术开始创建的时候，希腊佛教艺术的流风也从犍陀罗越过葱岭经新疆来到敦煌，但敦煌艺术的创造者同阿旃陀壁画的作者一样，知道批判地吸收与扬弃，因此，壁画经过北魏和西魏的融化演变，终于到达唐代民族艺术发展的高潮。这就是说，中印两国艺术家曾经在4世纪到7世纪的时候，共同拒绝了不健康的艺术流派，使民族的现实艺术作风，在我们光辉的传统中，得到一个时代接一个时代的演变发展。

最后，作为中印两国艺术家共同遵守的艺术创作的五个原则：生动的追求、线描的运用、构图的组织、色彩的烘染、形象的琢磨等，不期而合，一两千年来两个民族的艺术传统都一直这样保持着。为什么中印两国艺术踩着这样共同的步骤，为什么它们能够久远地保持着这样密切合作的关系，这是由中印两国人民酷爱和平、团结互助的悠久传统所决定的。

今天在北京——中华人民共和国首都——举行的阿旃陀壁画1500周年纪念会和展览，正是标志着中印两国艺术交流关系在过去的基础上更进一步的发展。让我们中印两国艺术工作者，在中印两大民族过去和平良好合作关系上互相帮助、互相学习，为进一步共创新的民族的、科学的、大众的艺术而努力！

编者注：原载《光明日报》1955年9月12日。

敦煌壁画中的历代人民生活画

一

　　敦煌历代壁画的本生故事画与大幅经变画中，穿插着各种有关人民生活的特写。古代画家采取了当时服饰、礼制、生活习惯的现实形象来组织人物故事，用了平易近人的民间手法描绘了朴质、健壮的乡土风采，因此，这些画面上流露出真实的生活感情。对于长期从事敦煌文物工作的人来说，我们深深感动的也就是那些蕴藏在古老洞窟中的一千数百年前画家们创造的艺术作品所含有的不朽生命力。

　　从这些小幅画面中，我们也看出古代画家们在艰苦的环境中[①]毫不苟且、严肃的工作态度，无论在转角上、门背后、甬道的深处、藻

---

① 千佛洞北段石窟，大抵是画工居住的地方，他们长久地居住在这些不能容身的狭小洞窟中。1954年，我们发现了几只残留的有颜色的陶碟。他们就这样生活着，就用这样的工具，在阴暗的石室中穷年累月、无间寒暑地工作着。

井的边角，画家们都谨慎细致地完成他们的工作。这些反映历代人民生活的古典美术作品，由于形式的完美和取材的真实，今天仍为人民大众所理解、所喜爱。

二

敦煌壁画中，并不净是远离人群的神话，还有如行船、走马、耕种、收割、狩猎、百戏等，都是当时人民生活中所习见的劳动情形。当我们面对着这些壁画欣赏的时候，我们的感情不知不觉地也走进了画家在创造故事画时的空间与时间中。如"得医"，是千佛洞第217窟唐代壁画中根据《妙法莲华经·药王菩萨本事品》"如病得医"四个字构成的一幅画[①]。一个大院落的深处，在春花垂柳掩映着的华丽内室中，床上盘腿坐着一个贵族少妇，还有一个手抱婴儿的青年婢女；在画幅左角，由另一个婢女引导着手持拐杖蹒跚而来的大夫。这幅画，艺术家独出心裁地运用了鲜艳的色彩、流利的线条，十分巧妙地组织了"如病得医"的主题。在大小五个人所组合的场面中，环境以及室内的布置、画屏的花鸟、床侧的木纹等细节，都被无遗地描画出来。尤其是画家把不修边幅的

[①] 《大正藏》第9册第189页《妙法莲华经·药王菩萨本事品》说"此经能大饶益一切众生"，并有许多譬喻，其中有"如子得母……如病得医"句。

手持拐杖的大夫，从背侧面的角度上栩栩如生地塑造出来，生活的气氛浓厚到使我们冲破了历史时间的隔膜，而与画中人呼吸在同一个空间里。另一幅画"纤夫"——这是1924年被美国人华尔纳用胶粘剥去了船身而幸存的两个纤夫，是千佛洞第323窟唐代画家以后汉明帝迎金佛为主题的壁画一部分。这幅画，古代画家们严肃、认真、完美地刻画出两个屈腰驼背、肩负纤绳的劳动人民形象。

从以上两幅画中，我们不难认识到，敦煌壁画的作者，是如何运用他们艺术的才能创作劳动的，作品的充沛生命力深深地感动着我们。

三

一般地说，敦煌壁画初期的制作，以建窟年代题记为标准，包括北魏、西魏、隋3个朝代。从我们所介绍的画幅中，可以看出这一时期作风是继承汉魏以来民族传统风格的，而在形体方面开始出现光、暗、面、背的烘染。这是在汉画像石及汉墓壁画中不易看到的，为我们研究中国绘画史提供了新的资料。如马车，是千佛洞早期北魏代表窟第257窟的鹿王本生故事画中的一个特写。马车的形式与一般汉画像石及壁画中常见的有所不同，这可能是北魏时代通行在西北一带特有的马车样式。牵车的白马挺秀有力的姿态，与长安一带出土的汉魏马俑有很多共同点。画幅上车顶篷、马身和人的面、手等，都显示出为加强造型立体感而加工的烘染。底色用朱赭，既丰富了色感，又加强了壁画所要求的平面装饰效果。线的作用，在早期壁画上所表现的是力与运动的结合，如北魏第249窟窟顶壁画野牛的生动形象，磅礴的笔力，正如顾恺之所谓的"有奔腾大势"。第285窟壁画是公元538年和539年（西魏大统四年和五年）所绘的。整个窟顶描写的都是龙魑、飞马、羽人、霹雷、兽精及星辰等，以动为主的气势，达到了"气韵生动"的境地。萨埵那练靶是第428窟的佛本生故事中萨埵那故事的一部分，这里同样以生动的形象进一步表现在人、马的狩猎场面上。以上人物为主画面上的山水树石，大部分仅仅为故事画中的间隔，常常是"人大于山，水不容泛"，比例是十分不相称的。

隋代壁画较北魏、西魏已渐趋精致、细腻，尤其表现在藻井图案和千佛的装饰部分。一般故事画的结构组织、人物的烘染，大体与北魏、西魏是一脉相传的。构图组织逐渐趋向紧凑，人物比例也逐渐趋向正确，并且动作显明，色彩轻快悦目，艺术写实的造诣已有长足的进步和发展。如"骑射"，就是上述演变中的一幅代表作。"驼车"则为含有丰富装饰特点的作品，用红土与白粉所画的游丝铁线一般的勾勒，更增添了隋代人物画活泼、精致的成分。

唐代是中国古典艺术现实主义传统发展的高潮，当时阎氏兄弟、吴道子、李思训、王维、周昉等都是著名的壁画家，但可惜的是，由于年代久远，遗作已很少见。敦煌的唐代壁画，虽然是

莫高窟第249窟　窟顶北披　狩猎图局部（敦煌研究院供图）

莫高窟第285窟　窟顶局部（敦煌研究院供图）

些无名工匠的作品，但是这些忠于时代的艺术创作，委身于敦煌壁画制作的劳动者，无疑为我们留下了最宝贵的代表民族艺术优秀传统的真迹。敦煌石窟 200 多个唐代洞窟壁画中，有年代题记的洞窟 11 座。从贞观十六年（642）开始，其间经过盛唐、中唐、晚唐三个时期，画风的发展情况大致具备。这一切为我们研究唐代美术史提供了基本的条件。

形象比例方面，已显露出更加正确的适合人体解剖比例的画法。穿插在故事画中的房屋建筑、山水风景的远近大小，更吻合透视的原则。王维的《山水论》中所提到的"丈山尺树，寸马分人"的理论，已改变了唐以前"人大于山，水不容泛"的情景，而成为如"舟渡"的远山近水，不但合理地解决了远近的透视关系，而且还可以辨认出王维《山水论》中所指出的"远景烟笼"缥缈浑厚的特点。

这个时期的绘画，构图的布置、人物的动作表情和配合绘画主题（的）内容等，都是互相关联着而有机地组织起来的。如"得医"上的大夫，在登堂入室之前，就目视室内榻上的病人。"挤奶"上我们可以看到那一头被牵着的赭色乳牛，正在挣扎着向母牛冲去，冲力之大，几乎使牧童牵制不住。母牛半张开的嘴，无可奈何地叫着的表情，也正细致入微地把主题——人牛之间的互相呼应，栩栩如生地表现出来了。如果作家对于现实生活没有深刻的体验，是不可能达到这样一种效果的。

由于绘画技术的改进，唐代壁画故事的发展变化也是多式多样的，而且从色彩形象上更丰富了那些生动的场面。"旅途休息"使我们生活在西北的人更深切地体会到，西北人民所习惯了的在马背、驴背上度过漫长旅途之后，人困马倦地在半途得到即使是直躺在戈壁滩上的打尖小息，也是恢复体力增加前进力量的最好办法。图中描写的那两匹卸了缰鞍的马，减少了负担，轻松得直在地上打滚，两个疲倦的旅客依靠着随身的行李，在地上和衣而睡的休息姿态，都是非常写实的。"屠房"是一个少有的穿插在佛教故事中的内容。我们看到这个一向为佛教信徒认为杀生害命的屠夫，被描写成两眼直视的凶狠形象，与摆满案桌上宰割了的肉块形成呼应。桌下面还有一只紧缚了四肢待宰的羔羊与一只守候等待着意外落下残肉断骨的饿狗。内屋挂满了鲜血淋淋的羊腿肉块的背景，更增加了屠房的特别气氛。

"战骑"是一幅生动的唐代作品，由于唐代艺术的高度发展，在绘画方面已逐渐达到人物、山水、花卉等专业的分工。在美术史上，当时画马出名的画家有曹霸、韩幹、韦偃等鞍马名手。这幅画中战骑威武，射手勇猛，色彩富丽鲜艳，成为唐代这个时期最优秀的画马作品之一。从马的烘染方面，我们可以看出，唐代艺术在造型、体积、光暗、描写技术方面的进步，并没有落在透视与比例两方面的后面。从一般现象上看，假如我们感觉到唐代绘画在光暗、体积方面的成就，似乎仅仅满足于像浮雕那样的光暗与体积，那是为了保持整幅画面的平衡、调和与符合壁画装饰上的要求，因此唐代画面上看不出物体投射的影子以及与突出物体的光暗等一切可能破坏画面平衡的因素。这种在表现功力上适当的含蓄和保留，像唐代张彦远在《历代名画记》上所指出的"夫画物特忌形貌采章历历具足"[1]，这正是中国传统艺术表现方法上的显著特点。

五代和宋，虽然战乱频繁，中原动荡，但是文化艺术方面还是有新的发展与成就的。最近顾闳中的《韩熙载夜宴图》和张择端的《清明上河图》等著名的富有现实主义风格的作品公开展出，震动了画坛。在偏僻的河西塞外，也还保留（着）反映上述时代人民生活的许多写实佳作。当时曹议金三世统治敦煌百余年，曹氏家属为了在莫高窟创建内容丰富、规模巨大的洞窟，设立画院和画官、画士[2]，可能从关内延请优秀的艺术匠师来参加石窟的修建工作，因此，这个时期的洞窟艺术还保持着唐代的余风。例如第54窟壁画中五代"射手"，就是真实的形象。又如"耕作""推磨""舂米"等各种农家生产劳动的壁画，生动地反映了农民的生活及劳作情况。"练武"展示出飞奔的马和骑在马上进行各种运动的生动形象，是结合了观察力与概括力的成功描写。

---

① 唐张彦远《历代名画记》："夫画物特忌形貌采章历历具足，甚谨甚细，而外露巧密，所以不患不了，而患于了。既知其了，亦何必了？此非不了也。若不识其了，是真不了也。"

② 安西万佛峡，敦煌文物研究所编第34窟供养人题名下有"国主沙州工匠都勾当画院使归义军节度押衙银青光禄大夫检校太子宾客竺保……"的题记。

四

正如阿·列费弗尔所说："在所谓'神圣'的或宗教的艺术中，并非一切都是坏的。相反地，它证明了生活中反面事物和正面事物之间的尖锐冲突。"[①] 本文所论到的画幅，正是无名艺术匠师们所描写出来的、至今仍然是可以理解的充满了感染力的艺术作品。

编者注：原载《文物参考资料》1956年第2期。

[①] 见《学习译丛》1955年第11期《马克思恩格斯论美学》。

谈敦煌图案

敦煌艺术遗产，是我国4世纪到14世纪劳动人民的集体创作；其建筑、雕塑、绘画三种造型艺术互相关联，互相辉映，形成和谐而强烈的感染力量。

敦煌石室的结构随着时代有所改变，晋魏窟的一般形式是前面一段人字披的前室，后面是中心龛柱，窟顶画平棋图案与人字披图案；隋窟与唐窟大致相同，间或有一部分方形或长方形倒斗式的窟顶；唐代窟有方形倒斗式的窟顶（如附图），还有少数扁长方形券顶窟式。

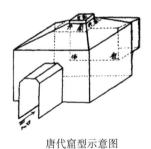

唐代窟型示意图

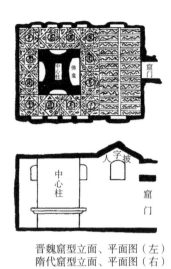

晋魏窟型立面、平面图（左）
隋代窟型立面、平面图（右）

　　石室前方正中有一个窟门，是唯一进出的甬道和光线来源。窟门不大，四壁和窟顶都是壁画；造像一般都在正对入口墙壁中央的佛龛里面，也有在窟内中央的佛龛里面和窟内中心须弥坛上的。造像周围的壁画上画满了以佛传故事画、说法图以及经变图为主题的各式壁画。那是以"神"与人物为主的大型构图。供养人的写像，一般画在洞窟入口处的墙壁上，也有画在故事画经变下面或须弥坛下面的。

　　在千佛洞，图案是属于上述建筑、雕塑、绘画三方面共有的装饰纹样；它附属于建筑梁柱的本身，附属于造像妆銮的部分和壁画分界的边缘；也单独地装饰石室中央藻井的地位。这些瑰丽绚烂、色彩夺目的图案，虽然有时是配合大幅主题壁画的一种装饰，但它们的作用却与建筑、造像以及壁画本身有密切的关系。拿藻井来做例子：这个属于民族建筑式样主要部分之一的古老的名称^①，就包括由桁条的四方斗栱层层叠架起来所谓架木为井式的屋顶结构。如 273 窟北魏早期洞窟的藻井，像新疆库车的石窟藻井一般还有采取雕凿和泥塑出来，由立体的桁条斗四结构而成的实例。隋唐的藻井就把立体的桁条变为平面的条格。藻井中心除一般以莲花、团花为主的装饰纹样外，极大部分都是由带状边饰组织而成。这些带状边饰的纹样，大体由莲花与唐草卷枝变化转换而成，也有与我国古代铜器上的山纹、垂鳞纹（如附图）以及出土的汉代彩箧上的云气纹、棋格纹等很类似的纹样。

藻井图案边缘纹样名称图例

　　自晋、魏到隋、唐的过程中，敦煌图案的纹样，早期是以几何形及动物形象为主，渐渐演变到唐代以植物的形象为主。因丰富了主题内容，艳丽了色彩的烘染，从而演变生长以达成中国图

---

① 汉张衡《西京赋》有"蒂倒茄于藻井"句。

莫高窟第329窟　窟顶藻井　飞天莲花藻井　吴健摄影（敦煌研究院供图）

案发展的一个高潮。

唐代是以旋转自如的藤蔓卷草花叶等纹样，来代替早期龙虎等动物图案的主题内容。它继承了汉代艺术奔放活泼的民族传统，在生枝发叶上，在开花结果上，在一个带形或圆环形规范中，合拍合节、有方向、有组织的发展上，都表现有动的感觉。石室壁画中可以看到长达二三丈的边饰[1]纹样，一气呵成，顺着一个方向蜿蜒曲折地布满了各种不同姿态的枝叶花朵果实等等。它连绵发展的气势，像行云流水一般，从头到尾都是不息地在生发滋长。在这些边饰图案中，我们可以看到初生的枝芽，含苞的蓓蕾与盛开的花朵；还可以看到莲子、葡萄与石榴等累累的果实。

藻井的边饰承袭着汉代建筑物上的垂幔形式，从北魏严整的山纹、垂鳞纹变为珠环、彩铃、璎珞、流苏，使唐代藻井图案增加了生动富丽的气氛。配合着这样的外围，在藻井的内部，以一格、一段数以一二十计算的，由忍冬、卷叶、卷草、蔓藤、云纹、华绳各式散点纹样构成的边饰，逐层推进，一直到藻井中心的莲花为止。一个边条装饰与第二、第三层边条装饰的配置，从宽狭的内部结构一直到色彩的组织，无不合乎变化与调和的原则。

为了进一步达到光辉灿烂的目的，在魏、隋时代一般使用的平涂色彩方法上，唐代图案又采用了退晕的手法。在花叶上运用

---

[1] 莫高窟第 258 窟东壁边饰。

莫高窟第209窟　窟顶藻井　葡萄石榴纹藻井　张伟文摄影（敦煌研究院供图）

各种颜色的色阶的变化，由深而浅，逐层退弱下去，使纹样不但具有更加丰富的色相，而且还有立体感。

唐代图案纹样另有一个卓越的地方，在于画家们对自然形色便化①手腕的高明。我们从纹样本身体会到枝叶茂密、花果繁盛、栩栩如生的景象，不是画家单纯地从自然间写生下来的；那是晋、唐时代的艺术工作者所共同追求的"外师造化、中得心源"②。对于自然形象的加工，他们知道如何从自然中摄取优美精粹部分，加以灵活的组织配置，使自然纹样，在叶脉的转动，花瓣的舒合，藤蔓的伸卷，果实的生长，等等（方面），大都合乎统一与变化相结合，对称与平衡相结合，动与静相结合，繁与简相结合的原则。唐代图案纹样是这样从自然的形象中脱胎出来，而由画家赋予一定的风格与气魄。

在结构组织方面：自从唐代窟顶建筑由魏、隋的中心柱、人字披演变成为方正宽畅前室的形式后，作为前室顶部倒斗形中央的藻井图案，有时很像古书上所称的"华盖"内的纹样。这种纹样，为了符合建筑上的要求，就把它们适当地组织在规矩方圆的形体内部。从全部藻井图案里，我们可以明显地看到：卓越的唐代劳动人民，是如何富有创造性地把这些富丽生动的自由纹样，有条

---

① "便化"是图案工作中的术语，是自然形象经过简化和组织变化后成为适应于装饰用的图案纹样。
② 见朱景玄《唐朝名画录》。

莫高窟第171窟　窟顶藻井　叶形瓣莲花纹藻井　张伟文摄影（敦煌研究院供图）

不紊、各得其所地组织配置起来，与建筑的各个构件相适应，使图案和建筑得到统一。这些藻井图案完全依靠变化有致的结构上的设计，辉煌多彩的颜色上的配置，与尤穷丰富的纹样本身的组织，使我们深深感（受）到唐代劳动人民旺盛的创造能力与巧妙的艺术手法，富丽生动、变化无穷地把藻井的各个组成部门有机地结合成为一个整体表现出来。

另一幅205窟盛唐人画的三兔藻井，是围绕在花瓣中央的三只正在奔跑的兔子。这三只兔子适当地摆在圆心内，它们的地位是那样紧凑合适，以致三只兔子之间不但首尾相连，前脚与后脚相连；而且最巧妙的是三只兔子的耳朵重叠构成简单的一个三角形，给人们看来产生了六只耳朵的奇妙效果！从这幅藻井图案的例子，就可以理解唐代艺术匠师们在图案创作方面对于自然形象的便化，概括和结构组织能力的高度发展！

图案与壁画采用的色彩，以青蓝、碧绿、红、黑、白、金为主。这些颜色也是中国传统使用于建筑彩画的颜色。这说明了敦煌图案的纹样及颜色，与古代的建筑彩画部分的关系。大体说来：唐以前的图案很多是在赭色的底子上的，因此用色以青、绿、黑、白诸冷色为主。唐代图案用色的特点是把朱、赭色大量地运用在青绿的纹样间。有时用鲜明的赭色线描绘在青绿色的纹样边缘来调和补色之间的关系，加上金色与黑白色互相衬托出金碧辉煌的效果。这种与唐以前冷色调和相反的热色的组织，有时虽然摆在天蓝色的底色中，但依然能给予我们一种令人振奋的热烈的印象。

莫高窟第205窟　窟顶藻井　三兔井心　张伟文摄影（敦煌研究院供图）

唐代图案的用色并不局限于自然色的摹仿；为了调和，为了使整个图案结构和色调的节奏相配合，有时也画出绿色的花和红色的叶。这正说明了唐代劳动人民在图案表现上不拘成规的创造性。

纹样上的勾勒使用线描，并用细线镂金描画的方法，如同刺绣的线镶一般，它以单色白描人物附属在平涂的彩纹上，使形象与色调增加富丽多变的感觉。

上述敦煌图案，不限定装饰在藻井、龛楣、边饰、佛光等方面；同样地普遍地散处在窟檐的柱梁上，塑像的妆銮上，壁画人物衣着、武器、舆马和家具等各个方面。它与古代织锦、陶瓷和铜器等的纹饰、碑碣墓志的石刻纹样有很多共同的地方，与当时人民生活风俗习尚也有紧密的关系。

从敦煌图案主题内容所包含的丰富的民族色彩、乡土成分和结构形式方面所具备的充沛的变化与活力看来，它们不但具备了我国悠久灿烂的文化特点，而且有力地说明了它的民族性与人民性。因此，对敦煌图案遗产的进一步学习与研究，将是有效地促使中国装饰艺术，在承继和发扬民族传统的精神下，推陈出新地为我国社会主义建设事业服务的基本条件。

编者注：原载《文物参考资料》1956年第8期。

《敦煌壁画集》序言

在公元 4 世纪战祸频繁的两晋南北朝的动乱年代中，敦煌千佛洞就开始有壁画了。我们从敦煌出土的墓葬彩绘中可以看到汉代绘画的传统；从早期的敦煌壁画中又可以看到自印度传来的佛教艺术的影响。它们是从贵霜王朝的迦腻色伽王时代传到西域的犍陀罗艺术与汉民族艺术接触后的一种新的创作。从北魏初期敦煌佛教艺术的内容和形式上，我们可以体验到一种由汉代生动活泼的艺术传统结合了庄严肃穆的佛经内容所产生出来的"动中有静"的艺术风格。早期佛与菩萨的形象都以较大的尺寸和主要的地位安置了画中的主题，意味着神圣的佛与菩萨所特有的庄严面貌。但是中国的艺术家却以转动的锦带和乱坠的天花来使庄严主题的画面产生了活泼的情趣。

这个时期敦煌壁画的内容，除

了一般的千佛与说法图外，就是以宣传"舍生行善""轮回果报"的大乘佛教的佛本生故事为主题，另外还掺杂了一些描绘古代中国民族传说的主题。如第 285 窟窟顶即是以伏羲、女娲、雄虺、飞廉为主的中国民间神话传说故事为内容。它们有力地说明了敦煌艺术是民间传统与外来影响交织而成的。

第 257 窟南、西壁是两幅以横披连列的形式表现佛传故事和本生故事的壁画。佛传故事的演变自左而右（分三段制版）：

第一段：① 落发出家；第二段：②③ 似为降魔成道；第三段：④ 入涅槃。

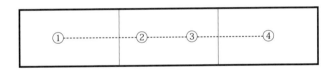

鹿王本生故事的内容是：过去有一人在林中打猎，误坠水中，被一鹿看见，救他起来。溺人长跪感谢图报。鹿说："用不着谢了，只要你不要向人说我在这里就是了。"后来，溺人回去，见到一张摩因光王为捉到王后梦中所见的美丽的九色鹿而张贴的悬赏布告，他利令智昏地就去报告，并带王去捕捉了鹿。鹿把事情的经过告诉了王，王十分感动，宣布以后任何人不能再去杀鹿。溺人满身生了斑点，王后也"恚戚心碎"而死。故事的演变自左而右（分四段制版）：

第一段：① 九色鹿救溺人出水，② 溺人跪谢恩；第二段：
③ 摩因光王率众捕九色鹿，九色鹿向王控诉溺人；第三段：
④ 溺人告密九色鹿所在，⑤ 王向群臣说鹿体状并"布命募
求"；第四段：⑥ 王后恚戚心碎（全部内容见《六度集经》）。

第254窟北壁的萨埵那太子本生故事画，在描写手法上独特
的地方是它把萨埵那太子为救七虎舍身成佛的全部过程描绘在同
一幅画面上。故事的内容是讲述三个太子出猎在外，其中最小的
弟弟萨埵那太子看见山谷间有一只饥饿疲惫的母虎，周围环绕着
七只小虎。他想：如果母虎再不得食，一定会把小虎吃掉的。于
是他为了挽救七只小虎的命运，自己投身饲虎，后来成佛。

故事发展的方向大体上是自右至左，如下图：

① 三太子；② 刺身；③ 投身；④ 饲虎；⑤ 二兄发现，
大恸；⑥ 哀悼；⑦ 舍骨起塔。

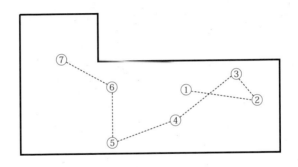

　　这幅画虽是把主题内容的七个不同阶段和它们所描写的主要人物场面，同时出现在同一幅画面上，但并不感觉到时间与空间的阻隔，这里没有树、石、房屋的穿插，只是人与人、动作与动作。叙述方法是以萨埵那饲虎为重点，同时又配置了饲虎前后的情景。在七个阶段之间的互相关系，是由七种不同动作的萨埵那的七次出现而连贯起来的。整幅构图的安排，是如此完整而自然合理，致使我们没有丝毫重复、烦琐、支离的感觉。

　　第285窟是西魏大统四年至五年间（538—539）的壁画。唐玄奘的《大唐西域记》室罗伐悉底国条曾这样记载着："伽蓝西北三四里，至得眼林……昔此国群盗五百，横行邑里，跋扈城国。胜军王捕获已，抉去其眼，弃于深林，群盗苦逼，求哀称佛。是时，如来在逝多精舍，闻悲声，起慈心，清风和畅，吹雪山药，满其眼已，寻得复明。而见世尊在其前住……"

　　这幅连环故事画与上述佛传和鹿王本生故事画一样都是自左

莫高窟第254窟　南壁　萨埵那太子本生　孙志军摄影（敦煌研究院供图）

端开始和分段制版的。它的排列次序如图：

① 交战；② 胜军王捕获；③ 抉眼；④ 弃于深林；⑤ 群盗苦逼，求哀称佛；⑥ 吹雪山药；⑦ 得眼见世尊；⑧ 信佛。

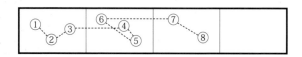

这幅故事画的创作年代可能晚于上述三幅，但结构紧凑，人物的形象、动作都极其生动。在官兵与群盗战斗的画面上，有的持着矛盾或刀盾，有的持着弓箭，胜军王驰骋在披甲的战马上，神情非常紧张。一场杀戮之后，五百强盗被捕而成为阶下囚。从壁画上，我们可以看到被剥了的五件衣服弃于地上，凶恶的刽子手正在用竹筒之类的刑具用力压入被俘者的眼眶，受刑者作出痛苦挣扎的状态；他的旁边躺着一个受刑后晕厥过去的和另外一个晕后醒来用手抚摸伤痛处的人；后面有二人被捆住双手正在等待受刑。在乱丢着外衣的地面上，还可以看到刽子手们脚下几颗光亮的抉出来的眼珠。那种惨状与坐在高台上安闲自在的审判官相对照着，更显得残酷了。此外，如因在深山中的被遗弃的群盗的号啕求救的哀苦情况；"清风和畅，吹雪山药"时那种树叶被风吹动的瞬间；得眼后群盗在莲池及各种动物出没的山林间的和平快乐景象，作者都能够扼要地抓住人物对象的动作和表情而生动地刻画出来，是敦煌壁画中杰出的作品之一。

第 290 窟是魏晚期所绘的最精致的佛传故事画。原画在 290 窟中心柱前面人字披的东、西两个壁上，每壁三条。故事是从东壁右上端开始的，结束于西壁的左下端。排列次序如图：

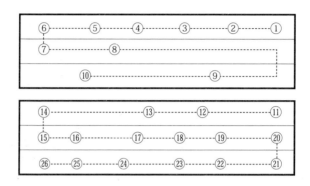

①乘象入胎；②游园；③出生；④步步生莲；⑤九龙灌顶；⑥报喜；⑦议立名字；⑧婆罗门占相；⑨⑩⑪受文治教育；⑫掷象成坑；⑬受武功教育；⑭立为太子；⑮纳妃；⑯东门遇老人；⑰南门遇病人；⑱西门遇死人；⑲北门遇比丘；⑳观耕厌世；㉑初启出家的思想；㉒夜半逾城；㉓遣散仆马；㉔王师追恼；㉕六年苦行；㉖成道。

这幅画包含着二十多个场面，结构比较完整，并且在服饰、礼制、生活和建筑等方面都生动地反映了当时人民生活的情况。

上述佛传故事画和佛本生故事画，在连环组织技法上，那横幅带状的联系格式的本身，就含有如汉画像石那样一气呵成的特

莫高窟第285窟　主室南壁　五百强盗成佛部分（敦煌研究院供图）

色。在每一个段落与每一个故事情节之间，一般都是巧妙地采取了山水、树石、房屋等作为一幕与一幕的间隔。使人喜爱的是穿插在这幅画中的山水人物与车马服饰，处处都表达出显著的民族风格和充沛的生活气息。

隋代创造石室的热潮，从它在短暂的享祚时期内竟完成了占敦煌洞窟总数的 1/5（95 个洞窟）的事实可以得到证明。从现存的 95 个洞窟中，我们可以充分地认识到隋代统一了南北朝后，文化和艺术也正在随着社会生产力的发展而不断地、多式多样地滋长着、繁衍着。

这个时期壁画所体现的主题内容，一方面还是继续采取了晋魏时代的千佛、说法图和佛本生故事画；另一方面鸠摩罗什在公元 405 年左右翻译出来的《妙法莲华经》《维摩所说经》《弥勒成佛经》三部主要经典，也构成了中国佛教艺术在成长时期运用较多的描写内容。在构图方法上，有的仍旧沿袭着晋魏连环的长幅，但有些壁画的内容结构，则正在逐渐地由分散的陈列，变为比较集中的组合，为唐代大量发展的集中描写佛、菩萨、天神正在道场说法的"佛经变相"即"经变"开辟了广阔的道路。隋代壁画中比较多见的是简单的维摩诘经变和法华经变。这与晋代著名的画家顾恺之，齐、梁时代的画家袁倩、张莹、张僧繇的画维摩诸变相，及展子虔的画法华经变相的记载是十分符合的。

隋代壁画在采用现实主义的创作方法上有了进一步的开展。

一般人物身体和面相的描写显示出更为圆润细腻，可以看到如谢赫画妇女时那种"直眉曲发，丽服靓妆"的生动美丽的成果。用色方面，在丹青石绿树对照的颜色中，还加上辉耀的赤金的点染，使画面产生了金碧辉煌的效果。

"在唐，可取佛画的灿烂……"鲁迅先生曾经这样指出过。而敦煌的唐代壁画，正是中国佛画灿烂的最典型的代表作。在莫高窟现存的全部480（编者注：敦煌保存有绘画、彩塑的石窟，现有492个）个洞窟中，有212个是唐代修建的。这个超过各时代修建洞窟最大比例数的唐代洞窟，根据初步统计，大约保存了十多万米的精美灿烂的画壁，唐代画师们的惊人劳动，无愧地代表了唐代绘画灿烂的时期。

在主题内容方面，由于东晋高僧慧远创立了净土宗的影响，弥漫在唐代佛教徒信念中的轮回果报思想，使他们不能满足于佛本生故事那样"为牺牲而牺牲的"主题，于是往生净土的西方极乐世界（成）为信徒们梦寐以求的理想中的乐园。因此，整幅四方的大经变画，代替了千篇一律的千佛、说法图和早期盛行在魏、隋时代的横幅连环画式的佛传及本生故事画。这个时代的艺术家和当时生活在被压迫的社会下的痛苦的人们，通过丰富的想象力和卓越的艺术才能生动地表现出憧憬在人们理想中的幸福的乐园，这些都是唐代艺术家丰富的想象力与现实结合起来的杰出的创作。在这里，帝王宫殿形式的画栋雕梁，成为西方极乐世界中天神聚集的道场讲台，还布置了山水树石、奇花异木，中央供养着正在说法的西方净土的主尊无量寿佛，周围环绕着数不清的大小菩萨、天神伎乐以及由几个到几十个人组成的大小乐队和与之相伴随的歌舞彩女。不同的人物有着不同的姿态和表情：菩萨、天神等有的作思维相，有的作供养状，乐队则正在挥动各种乐器，露着酥胸载歌载舞的彩女，从她们的周身飘忽的锦带上看出似是正在按着拍子表演唐代著名的"健舞"。殿堂的左右空隙处，一般都随着远近的透视布置了各种经文上的故事插图。在"天花乱坠"碧空无云的天上，可以看到忽上忽下，左右回旋，像长尾金鱼一样的飞天，披着花冠彩带，迎风飘扬，婀娜多姿。这就是当时人民在艰苦生活中所想象的西方极乐世界的形形色色。

整幅四方的大经变画是唐代壁画中的主要内容，它的数量可达四五百幅，其中幅面最大的甚至超过十米见方。这样的宏伟巨制，使我们可以体会到当时的艺术家们是如何地经过细心的构思擘画，运用他们的幻想与成熟的表现技法，把那些属于幻想的宗教世界和现实结合起来了。现实的场面，除主题外，还体现在经变道场四周穿插着的无数说明佛经内容故事的插图当中。报恩经变的左上角配置的是论议品中的鹿母夫人故事画中描写山谷中的道人和正在饮水的鹿母的一个场面，右上角（是）鹿女取水时步步生莲的一个场面。此外，在法华经变中描绘着一些似乎为画家所熟悉的事物，即当时的社会活动、人民生活等情况，如舞蹈、舟渡、群马、山水、出行，以及耕作、洒扫、饲养牲口、推磨或拉犁等场面。

五代又重新坠入政治动乱的时代，中原由唐代藩镇发展逐渐形成军阀割据局面，因而长安已失去了政治中心的地位，文化艺术一般的已趋向低潮。但敦煌因为僻处西陲，继晚唐归义军节度使张议潮之后统治河西的曹议金一家又维持了130多年的长期安定，这对于文化各方面并不是没有成就的。从曹家建窟较多的安西翰林窟供养人的题记中，还发现有"勾当画院"和"知画手"的名称，从而可以设想他们在那里对于石窟艺术是有一定贡献的。最显著的是曹家洞窟本身独创了自己的形式，在绘画方面也形成了一种带有浓重乡土气味的作风。修建于北宋初期的专为曹议金的孙媳曹延禄姬供养的第61窟佛传故事画的一部分和著名的五台山大壁画中穿插的人物，生动地描绘出皇宫和山乡行旅的形象，给予我们以难忘的印象。

　　敦煌壁画是祖国伟大的艺术传统中最富有人民性和现实主义的艺术遗产之一：它们继承了汉代成熟的艺术经验和富有创造性与融和力的优秀传统，把丰富的佛教故事与神话传说，细致曲折而瑰丽优美地用不同时代的风格和乡土色彩体现出来。它们由大幅壁画配合了彩塑、藻井、边饰及地面的花砖，与整个洞窟建筑结构组成了一个不可分开的整体。差不多每一个细小的空间都是荡漾着同样明朗的、和平善良的宗教情感与同样浓厚的生动活泼的艺术气氛。这种全面的设计与整体的表现，使身处其中的人，从丰富多彩的艺术形象的接触当中所产生的内心的共鸣，是有着极度的感染力的。这种感染力量使我们体会到古代优秀的艺术匠师们——石窟艺术的创造者知道如何将烦琐的经典文书和神话传说，用艺术形象概括扼要地把主题内容与结构组织表现在几个人到几百人的大小不同的经变或本生故事画中。它们伟大的成就是智慧地把这些外来的宗教故事翻译成平易近人、朴实的中国民族色彩的绘画。因此，敦煌壁画不但雄辩地说明了主题的本身，而且极其富有感染力地刻画了各时代封建社会的统治者与被剥削的劳动人民的意识形态，提供了历史上极有价值的科学材料。必须指出，这些伟大的创作上的成就，是中国士大夫阶级笔下所描写的美术史上从来也没有提到的无名画工们集体的、艰辛的劳动成果。在今天中国古代绘画史资料缺乏的情况下，研究中国美术史的人，应该通过这些杰出的伟大的民族艺术遗产，了解、研究和分析中国美术在这漫长的一千五六百年中的成长、演变和发展的各个阶段，使我们有可能运用古典艺术优秀而丰富的创作经验，为继承民族艺术遗产推陈出新，为创造社会主义现实主义的新艺术提供有利条件。

常书鸿序于敦煌文物研究所 1957年2月

漫谈古代壁画技术

早在原始公社时代，人类就利用壁画刻画他们在集体生活和劳动中体现出来的艺术形象。如在西班牙阿尔泰米拉洞窟中发现的绘于公元1万年以前的牛的壁画，在瑞典岩石上发现一幅人用牛拉犁的壁画（见伊林《人怎样变成巨人》），这些足以说明壁画艺术是从实际生活的要求中发展起来的，它一开始就与集体的劳动相结合。

但是，这种为劳动人民服务的壁画艺术，经过封建社会，在漫长的年代中一直被利用为宗教和封建统治者服务，如唐张彦远《历代名画记》所谓："夫画者：成教化，助人伦，穷神变，测幽微。"历史记载周朝的明堂和楚国的宗庙、祠堂都画满了以"成教化，助人伦""鉴贤戒愚"和山川神灵为内容的大幅壁画。汉魏以后，中国佛教壁画在民族艺术传统的基础上吸收了印度和中央亚细亚的做法，得到新的发展。以著名画家阎立本、吴道子为代表的无数专业画家们，不但在制作技术上发展了金碧辉煌的风格，而且在内容上也开始创作独立的山水画。此后中国壁画逐渐成为以装饰寺院和墓室为主的绘画。

我国壁画艺术传统是十分优秀和伟大的，从现存的汉、南北朝、隋、唐、五代、宋、元、明、清各时代的壁画来看，题材内容、技术、应用材料的演变和发展是曲折的。但这些由古代劳动人民在漫长的历史岁月中获得的许多经验，对于我们今后新壁画的创作，一定能起很好的借鉴作用，因此，这里想根据我所知道的，作一简单的介绍。

一　中国壁画的性质

一般壁画，是指画在与建筑物直接发生关系的墙壁上的绘画。远古时代的壁画，都是随兴所至地用手头可以得到的木炭或颜色，画在自己居住的山洞石壁或其他各种不同材料制成的墙壁上。那时候的壁画大都在室内，墙壁和颜料都没有经过任何加工。因为这类壁画都是在墙壁作成后画的，所以称为干壁画。古代中国、埃及、罗马的壁画，都属于这一种。到了 10 世纪的五代，敦煌莫高窟出现了大批画在外面的壁画，这些壁画的底壁与一般壁画（的底壁）不同，它能经得起风雨袭击、日光曝晒而颜色不变。14 世纪敦煌元代壁画中，出现了趁墙壁将干未干时作画的一种类似湿壁画的新技术。到了明代，为了便于烘染，壁面上开始涂胶和矾，这与卷轴画中的熟绢和熟纸画的性质有些相同，它们一直保留到现代。

二　中国壁画制作的特点

我国古代壁画的制作方法随着时代的发展而有所改变。

现存的汉代壁画仅有墓室壁画，近年先后出土的有辽阳北园、辽宁旅顺大营城子、河北望都、山东梁山等处。把画画在涂有石灰的石壁或砖壁上，有些是先涂了一层带麻筋的泥土之后，再上石灰，底壁都是石灰的白色，壁画就直接画上去。

晋和北魏的壁画，可在新疆克孜尔和敦煌早期石窟中见到。一般底壁都用草泥做底层，表面再抹一层麻筋或芦花混合的细泥。有几个洞窟的壁画用土红直接在泥壁上画了草稿，然后再上色。从已被风沙剥蚀了的墙壁来看，一般泥土画壁连胶也没有上。

隋唐壁画见于墓葬和新疆克孜尔、吐鲁番及敦煌莫高窟等地石窟。一般都涂上蛋壳般厚的白垩，也刷上胶。作画时先在白描纸上依轮廓图样刺小眼做成粉本，用带颜色的粉色如土红扑在粉本上，在壁上印下画稿，然后描线和着色。

五代时敦煌最显著的是画在窟外的大幅露天壁画。底壁用较厚的一层石灰、细沙和麻筋混合而成，颜色至今保存犹新，一般五代和北宋的壁画作法与以前没有什么两样。

元代壁画，以敦煌莫高窟第 3 窟为例，壁画呈泥土色，而且显露出颗粒较粗的沙粒，色彩有用水笔烘染的迹象，可能是属于湿壁画的一种类型，现在正在研究。

明代壁画，一般底壁加工精细，混入麻筋密度较大，在平滑的壁面上涂上白垩，从法海寺壁画来看，白垩上还涂有一层较浓的矾水和胶。这个时期的壁画烘染技术，差不多与湿壁画一样，可以运转自如了，这是中国壁画制作上的一个革新步骤。

三　中国壁画技术和应用的材料

如上所说，中国壁画从处理方法上来看，是属于干壁画的一种类型，这是东方各民族壁画所采取的主要制作方法。各时代壁画的画壁结构，大体上是在石、砖、土坯的表层上，再涂上掺有麦草的粗泥和掺有麦草或麻筋的细泥，以及粉皮等。它的作用一方面使壁画表面平滑、细致，另一方面可以使壁画比较安全地固着于墙壁上。

下面我们举四种壁画结构的例子。

敦煌和新疆克孜尔壁画：敦煌壁画是画在酒泉系的砾岩上，石壁凿成后直接镘上一层掺有麦草的粗泥，待半干后再加掺有麦草或麻筋的细泥，最上面镘上一层薄如蛋壳般的粉皮。

辽阳汉墓画壁：它的底壁是坚硬的岩石，岩石的加工办法有两种：一种和敦煌壁画一样，石壁上首先镘上掺有麦草的粗泥，然后再镘上粉皮；另一种是直接在岩石上刷一层细石灰，壁画就画在石灰层上。

望都汉墓壁画：在墓室砖壁上镘上粗泥和细泥两重泥层，然后镘粉皮。

吐鲁番壁画：在土坯上镘两层泥、一层粉皮。

上述各种不同壁画的壁面晾干后，用宽面的长毛刷刷一层掺皮胶的白粉（高岭土白或大白），待干后就可以起稿作画。

汉代墓室壁画的起稿，大抵以木炭在白壁上勾轮廓，随即以淡墨描出，然后用大笔挥毫，因此笔致比较潇洒放达，但所采用的颜色则比较简单，多以墨色为主，具有唐张彦远《历代名画记》所说的"是故运墨而成五色具"的特点。有时也可以看到，人物的嘴唇上有极鲜明的朱色。此外，还可以看到石青、石绿、赭石、石黄等。

自 3 世纪以后，中国壁画不但在绘制技术上有了改变，而且应用色彩的范围也逐渐宽阔起来了。5 世纪的谢赫在他的"六法"中曾指出"随类赋彩"的问题。彩色画在魏隋壁画中可以看出已开始进入写生的阶段。敦煌的魏隋壁画，说明这个时代的绘画已具有丰富多彩的色泽了。首先是全窟以赭石和土黄等色为主调，给我们以汉代壁画所未曾有过的暖的感觉，配合在黑、白、朱、赭中的鲜明的石青、石绿，发挥了互相辉映的作用。这时候虽然采用了很多的颜色，但是笔触的功用仍旧保持着汉画的特色，往往疏疏几笔，既有富丽的色泽，又有生动的笔致。

隋代壁画上发现始有沥粉堆金的装饰纹样，在赭色的壁面上更显得辉煌和富丽。壁画中采取的颜色，有孔雀蓝、石绿、朱砂、赭石、玉白和煤黑等，尤其是赭色底壁上的白色，加上金碧、孔雀蓝，由魏画的强烈对照转变为明快温和。

唐人壁画用色有显明的朱砂、赭石、石黄、石青、石绿、高岭土白等。唐代以后壁画的底色多为白垩，上面涂有一层薄胶，因此壁画上的颜色呈现了金碧辉煌的景象。

五代壁画，一般仍然继承唐代的风格，变化不大。敦煌这个时候与中原交通隔绝，由中原运来的颜料已不可能利用，因此在壁画上显著看到的是朱砂色的绝迹，用银朱来代替，至今大部分已变成黑色。

宋元壁画，同样由于朱砂无法运到关外，红色部分都以银朱代替，日久与铅粉化合变成黑色，至今壁画只有黑绿两个颜色，显得色调寒冷。

明清壁画，在制作技术上有所改变，主要在于壁面使用胶和矾，这样，色彩的涂刷和烘染有比较大的灵活性，可以不受画壁吸取颜色而使笔墨涩阻不前的限制。从法海寺的大幅壁画中可以看到差不多有一丈高的人物，衣褶线条遒劲流利，能够很好地体现画家的笔力，这与明代画壁刷胶、矾是有关系的。

中国壁画使用的颜色，大概可分为纯颜色、人工颜色、植物颜色三种。壁画开始使用的颜色，不外乎矿物色与植物色两种。植物色容易变色，今天能看到的古代壁画的原色，只有矿物色一种。如汉代墓室壁画中的黑、白、朱、赭、青、绿等六色是矿色或土色，也是最坚牢的颜色。

黑色是烟炱，白色是白垩（又名白土粉），化学名为碳酸钙，可以经久不变。朱色是朱砂，出在湖南的辰州（编者注：今怀化市北部地区），又名辰砂。赭是赭色，又叫土红，是赤铁矿的产物，也是不变色的。石青是赤铜矿的产物，化学名为盐基性碳酸铜。石绿与石青都产在铜矿中，也属盐基性碳酸铜，石绿的含铜较石青少 1/3，含碳量较石青少 1/2，含水量是相同的。石青和石绿是经得起日光和湿气侵蚀的颜色。

除上述六种颜色外，河北望都汉墓壁画中的黄色獐子，可能是用石黄画出来的，这是前所未见的汉画应用的另一种颜色。根据新疆石窟壁画的产生和发展的情况，中国壁画色彩在3世纪以后已有比较完备的表现能力，因此这个时期画家们应用的颜色，一定已不止汉代那几种单纯的色，而可能已有青、红配合成的紫色，银朱、铅粉配合成的粉红，花青、藤黄配合成的草绿之类。

唐代和其后，颜色调制的范围更为扩大，因此相互关系也更为复杂了。

现将中国壁画使用的颜料分类列出如下：

第1类：直接使用的成色（原矿质色）

朱砂	石色	不变色
石青	石色	不变色
石绿	石色	不变色
石黄	石色	不变色
高岭土	石色	不变色
赭石	石色	不变色
烟炱	松烟色	不变色

第2类：人工颜色

银朱	（硫化汞）	遇铅粉变黑色
铅粉	（盐基性碳酸铅）	日久变化返为铅色

第 3 类：植物颜色

胭脂（红色）　　　　红蓝花、茜草、紫绯作成　　褪色

藤黄（或称栀黄）　　　　　　　　　　　　　　褪色

花青　　　　　　　　用蓝靛制成　　　　　　　褪色

第 4 类：其他

黄金　　　　　　金属　　　　不变色

白银　　　　　　金属　　　　不变色

珠粉（银光色）　　　　　　　不变色

　　上述各色也可作适当的配合，但要注意颜色的性质，如石色一般不变色，人造色时间久了就要变色或褪色，植物色是褪色的。

　　从敦煌壁画所用颜色的变色和褪色情况来看，多是由于氧化、日晒及潮湿三方面引起的。矿石质的颜料虽不变色，但只宜于单独使用，不宜调制，要从这些颜料中获得随类赋彩的效果是很困难的，需适当采用易于烘染和调配的银朱、铅粉、胭脂、花青、藤黄等化学和植物的颜料。

配色举例（〇记号为不变色）

原色百分比用色＼全成色	朱砂	石黄	银朱	胭脂	花青	藤黄	赭石	烟炱	白土	铅粉	备注
酱红	60						40				〇〇
黄赭		60					40				〇〇
橘红			60			40					
紫红				80	20						
草绿					50	50					
苍绿					40	50	10				
墨绿					50	40		10			〇
铁绿						70		30			
深紫				20		60		20			
黄墨						80		20			
金黄				50		50					
檀香						50	50				
粉紫				60	20				20		
肉红		30	30						40		
粉红			30							70	
红粉				40					60		
银红			30	30						40	
殷红	60			40							
老红	60						40				
黑墨								100			〇〇
白									100		〇〇

千百年后的今天看来，敦煌壁画已产生了相当普遍的变色和褪色现象。其中比较显著的，是从北朝直到宋、元壁画中烘染颜面的银朱和铅粉，氧化使铅质还原变成黑色；另一方面，也发现

了一些用花青与藤黄调和的嫩绿与深绿、花青与铅粉调和的淡蓝等变成原来的墙土色，或是使青山绿水变成白山黑水。这种由于配色不讲究而产生变色，是值得我们注意的。

编者注：原载《文物参考资料》1958年第11期。

敦煌莫高窟壁画

敦煌莫高窟开凿在距今敦煌县城东南25公里沿大泉河（编者注：旧名宕泉河）西岸的鸣沙山断崖上。北段洞窟多是以往僧侣和修窟的画工、雕匠的住所，只有少许有壁画和塑像。多数有壁画和塑像的石窟集中在南段，是现存石窟艺术的精华所在。

据武周圣历元年（698）李怀让《重修莫高窟佛龛碑》记载：

> 莫高窟者，厥前秦建元二年，有沙门乐僔，戒行清虚，执心恬静，尝杖锡林野，行至此山，忽见金光，状有千佛，□□□□□造窟一龛。次有法良禅师，从东届此，又于僔师窟侧，更即营建。伽蓝之起，滥觞于二僧。

可知莫高窟创建于前秦建元

二年（366）。建元二年距汉武帝开辟敦煌郡的元鼎六年（前111）有477年，距后汉明帝永平七年（64）命蔡愔等十八人往西域求佛有302年。经过三四个世纪的酝酿演变，敦煌佛教艺术就在汉代艺术传统的基础上发展起来。以后北魏、西魏、隋、唐、五代、宋、西夏、元等朝代均有修建。在最盛的年代里，修建的佛窟几乎达到1000多龛[1]。但由于千多年来的自然和人为的损毁，现在保存有艺术作品的，只剩了不到500窟龛。其中有些因为崖壁的崩溃，部分遭到破坏，也有一部分窟龛内部艺术作品经过后代重修。

到了明代正德十一年（1516），徙沙州于肃州塞内，这时莫高窟就陷于长期无人管理的状态，遭受了很大的损失。据《敦煌县志》所载："佛像屡遭毁坏，龛亦为沙所埋。"

根据1959年敦煌文物研究所的统计，有壁画和雕塑作品的洞窟共486个，按现存壁画的时代来划分，其中计有：

魏窟　　　32个
隋窟　　　110个
唐窟　　　247个　（另在前代洞窟内重修35个）
五代窟　　36个　（另在前代洞窟内重修82个）

---

[1] 据李怀让碑记。

宋窟	45 个	（另在前代洞窟内重修 92 个）
西夏窟		（在前代洞窟内重修 10 个）
元窟	8 个	（另在前代洞窟内重修 5 个）
其他不明时代者 8 个		

敦煌壁画是中国封建社会劳动人民创造出来的杰出的民族艺术遗产。它的创建初期，正在东晋、南北朝，这是从统一逐渐走向分裂，斗争激烈、动乱频繁的时代。在严重的阶级压迫和阶级斗争中，为统治者所利用的佛教获得了迅速发展，集中大量人力与财力为佛教进行宣传的美术创作，也随之获得空前发展。

壁画内容，主要是佛像、菩萨像、佛传故事、本生故事以及其他各种经变。历代杰出的画师们，继承了汉代绘画的优秀传统，并吸取了前人的创作经验，以平易近人的描写手法，将佛教故事与中国古代民间传说相结合的内容栩栩如生地表现出来。也通过繁复的佛教题材与神话传说，表现了画家周围现实世界的形形色色，在一定程度上反映了封建社会的阶级关系、生活习俗以及各民族不同的精神面貌。

5 世纪南齐谢赫《古画品录》上有"古画皆略，至协（卫协）始精"的评论。从敦煌地区魏晋墓葬中发掘出来的彩绘墓砖看来[1]，是属于汉画系统中比较粗略的一格，而莫高窟北魏壁画中就出现了精

---

[1] 系 1944 年在敦煌佛爷庙发掘出来的。

细的线描。如第263窟的菩萨像，可以称为"精微谨细，有过往哲"[1]，证明了敦煌壁画的发展是与中原地区并无二致的。

敦煌早期壁画经常表现的还有佛、菩萨与千佛等，一般主壁多画本生故事画及佛传故事画。本生故事中常见的是：萨埵那太子本生、须达拿太子本生、尸毗王本生、须阇提太子本生、鹿王本生、睒子本生、毗楞竭梨王本生等。这些壁画多数是把故事内容发展的各个阶段依次或回环往复地排列在较长的横幅上，这种表现方法加强了故事的连续性和叙述性。如第428窟萨埵那太子本生、须达拿太子本生及第285窟得眼林故事等。故事的各个不同情节，多用山水树石来做间隔。这些人物和山水的关系、比例，正如唐代张彦远《历代名画记》所述：

> 魏晋以降，名迹在人间者皆见之矣。其画山水，则群峰之势，若钿饰犀栉，或水不容泛，或人大于山。率皆附以树石，映带其地。列植之状，则若伸臂布指。详古人之意，专在显其所长，而不守于俗变也。

从敦煌魏代壁画里面，可以看出画家"专在显其所长，而不守于俗变"的处理方法。这时人物表现技法的特征是在烘染刷色之后，再用同样粗细的线条勾勒。第272、275、257、259、288、

---

[1] 谢赫《古画品录》评顾骏之："神韵气力，不逮前贤；精微谨细，有过往哲。始变古则今，赋彩制形，皆创新意。"

263、285等窟都在红色的底子上，着上石青、石绿、朱砂、银朱、黑、白等各种原色描绘人物形象。由于强调了黑和白、红和绿各色的对比，色彩达到相当鲜明的效果。魏画人体是先以银朱加胡粉调成水红色涂满全身，再以较浓重的红粉在颜面、四肢边缘画出宽线轮廓，最后全身再罩上一层胡粉。这样，下面浓重的线条透过白粉就使人物四肢有了圆润立体之感。但由于年代久远，那些盖在白粉底下的水红色和红粉色中的硫化汞和碳酸铅成分经氧化后变成了黑色的粗线条。如第254窟北壁的尸毗王本生故事，还可以看到未变色前勾勒的线条，也可以看到已变色后汞红氧化的粗犷的人体轮廓。

北朝洞窟建筑形式大体可分为下列二类：

第一类是吸收了印度毗诃罗形式开凿的，附有修行小龛的窟洞，可能是为静修和礼拜两种宗教活动的需要而设的，如第285窟的结构。

第二类是将西域传来的窟中央的塔加以民族化，变成中心方柱。这是北魏专作供养礼拜用的窟型。窟身作长方形，分前后两部分：前室凿成民族建筑形式的"∧"形天花，我们称之为"人字披"，椽子中间画装饰图案或飞天；后室中央有一方柱，方柱四面均各有小龛，龛内塑坐佛及菩萨。中心方柱上端有影塑菩萨或飞天。壁上画千佛、说法图或本生故事画。如第257、251、254、428等窟，就属于这一类。

隋代石窟建筑形制是从魏代中心柱式的洞窟基础上演变出来的。如修建于开皇四年（584）的第305窟，是隋代洞窟建筑形制的一个新发展，它取消了魏窟的前室部分，把中心柱改为中心佛坛，露出了比较完整的窟顶。窟顶上画着与第285窟或第249窟类似的东王公、西王母等民族神话题材以及本生故事等。中心柱的取消和壁间窟龛的减少，窟内可以画画的壁面扩大，因此，壁画内容有为数较多的说法图和简单的维摩变。隋代后期洞窟，又把中心佛坛取消了，窟内有更大的空间，也就更适于表现大幅画面，如第420窟，窟顶画了一整套的《法华经》的故事画。隋代壁画一般用土红的底色，千佛及佛身上的饰物，多以叶金装饰，画面加上青、绿、黑、白色彩，非常富丽堂皇。这个时期有比较复杂的说法图，在佛与菩萨的描绘上，线条有比较显著的顿挫，但仍旧属于细致的描法。壁画人物在面相烘染上显出与北魏壁画人物不同的，是集中在面颊上的红色向四面晕散，可以说明元人汤垕在《画鉴》中所讲隋代展子虔"画人物描法甚细，随以色晕开"的方法也传到了敦煌。其他如壁画颜色的富丽、刻画的精细、装饰的繁密华美等，也使我们联想到唐代张彦远《历代名画记》中所述："中古之画，细密精致而臻丽，展郑之流是也。"敦煌的隋画也可能是受了"展郑之流"的影响。

唐代李世民父子采取了一些缓和当时阶级矛盾和恢复社会生产的政策和措施，安定了社会秩序，广大人民群众辛勤劳动，生产获得了迅速的发展，使统一了的唐朝开始走向昌盛富强的道路。随着经济的发展，文化艺术也空前繁荣。作为通达西域门户的河西走廊，重新呈现了一片兴旺景象。据李怀让《重修莫高窟佛龛碑》，莫高窟修建到圣历元年已经"甲子四百余岁，计窟室一千余龛"，当时"升其栏槛，疑绝累于人间，窥其宫阙，似游神乎天上"，这正是莫高窟全盛的时代。

随着唐代佛教信徒对净土信仰的发展，唐代庙宇壁画的内容也更加丰富多彩，如画史上记载着著名的画师阎立本、张孝师、尉迟乙僧、吴道子等都先后在东西两京的慈恩寺、兴善寺、安国寺等寺院壁面上绘制维摩变、西方变、降魔变等规模巨大的壁画。像成都大圣慈寺的96个院落，到宋代还有唐代壁画8124间，其中包括佛、菩萨、梵释、罗汉祖僧、天王、明王、神将等数以万计，可以想见唐代寺院壁画规模之大和内容之丰富。这时敦煌壁画，也突破了魏隋时代以千佛及本生故事画为主的范围。石窟的建造形制也随着有了新的创造，石窟不但取消了中心方柱，一般还取消了两侧的壁龛。到了晚唐还在佛坛后设了一种屏壁。

第220窟的西方净土变和维摩变等壁画，绘制于贞观十六年（642），正是唐太宗诏阎立本绘凌烟阁二十四功臣像的前一年。以维摩变中的维摩和帝王、群臣与阎立本的《历代帝王图》比较，就可以看出敦煌壁画与中原著名画师的杰作是一脉相传，有着共同点的。

敦煌唐代壁画以规模较大的经变为主，这种大型经变是把整本佛经的复杂内容描绘在一幅画面上。一般以天神、菩萨为主，周围穿插了诸品故事画，场面宏大，结构富丽，在庄严的场面中穿插了生动细致的反映当时人民生活的各种情节。最大的变相长达 10 米，宽 4 米，像这样大面积的壁画是魏、隋时代所未有的。

唐代大幅经变是多方形或长方形的整幅构图，一般穿插的诸品故事画分格画在经变下面，好像许多小幅屏条贴在壁上。有 6 条、8 条、10 条等连续的屏条式组画，分条描绘出故事发展的各个场面，基本改变了魏、隋壁画的横幅连环故事的组织形式。自此以后，敦煌五代、宋、元各时代的壁画中，也多采取这种表现形式。

莫高窟在建中二年（781）以后为吐蕃管辖时期，修建了第 16、114、158、159 等窟，壁画内容更多地出现反映少数民族的人物形象，如第 159 窟维摩变中的蕃王及其侍从，使画面更充实丰富。

大中二年（848）张议潮占据河西以后，修建了第 156 窟。《莫高窟记》就写在前室北壁上，是咸通六年（865）正月十五日记的。洞窟修建的年代当在公元 865 年以前。洞窟入口甬道绘等高的张议潮夫妇像，窟内北壁下段画《宋国夫人出行图》，南壁下段画《张议潮统军收复河西图》。莫高窟直接描绘现实生活题材的壁画，当以此为嚆矢。画面上描写了张议潮夫妇出行时的鞍马车轿、百戏乐队等出游的场面，巨大生动，是以前各时代壁画中所未曾见过的。第 196 窟是在晚唐景福元年（892）时所建，规模巨大，壁画艺术水平非常卓越，保存情况也比较良好，至今壁画色彩仍很鲜艳。

莫高窟第156窟　主室南壁　张议潮统军收复河西图（敦煌研究院供图）

五代、宋初归义军节度使曹议金继张议潮之后统治了河西，约于公元924至940年间修建了第10窟，其内容是模仿第156窟，画有《曹议金夫妇出行图》。以后大约在公元940至946年，曹议金女婿于阗国王李圣天继续修建了第98窟。窟内布置仍和晚唐一样，有着中心坛与背屏，窟深13.5米，宽11.5米，是莫高窟大型洞窟之一。曹氏父子三代统治河西百余年，在莫高窟修窟计有第84、387、100、98、78、55、61、108等窟，他们所修洞窟的窟型和内部布置，基本上都有一定的体制。如藻井画双龙，四顶绘天王，甬道入口及东壁画大供养人，内部经变的配置也均有定规。此外，曹氏还在安西万佛峡修建了34个窟，从那些洞窟中发现了"都勾当画院使"的供养人题名。由此可知，五代时曹氏曾在敦煌设置了画院。第61窟是宋初曹元忠时修建的，主要内容有五台山图景。壁画全面地描写了五台山胜景，穿插了行旅、推磨、春米活动场面，是莫高窟壁画中富于生产和生活情节内容的作品。

北宋景祐二年（1035）李元昊侵入瓜、沙、肃三州以后，西夏人在第61窟甬道画了炽盛光佛，并绘制了第409窟壁画和其他作品。

元代在莫高窟也兴建了一些石窟，其中第3窟北壁画有千手千眼观音一铺，观音的衣褶上，显出了莼菜条式的线条。此窟壁画使用了水墨淡彩的画法，（在）敦煌莫高窟是极为少见的。

敦煌壁画虽然画的是宗教题材，但是表现在画面上的各种内容和形式，都充分地显示出民族艺术的特征，并反映了当时社会的风俗习尚。如第257窟鹿王本生故事画，描写的建筑、车马等基本上还是民族样式，保存了汉晋的体制。如王后所乘马车前后有帷幕，《后汉书·舆服志》记载王后所乘的辇车也有帷幕，就是一个例子。再如第290窟北魏佛传故事画中所描写的洒扫、狩猎、耕作及人物服饰、弓箭、农业生产用具，无一不是北魏时的样式。第285窟西魏得眼林故事中战斗时披甲的战马和武士，被俘后的刑讯，以及有鸱尾的房屋建筑等，也都表现了当时的社会面貌。又如第296窟隋代佛传故事中的伐木、饮马、牛车、驼车等，也无一不是活生生地反映了隋代人民生活的片段。唐代敦煌壁画出现了一个新的高峰，第220窟中的伎乐，在写实手法上较之隋代已有长足的进步。绘于8世纪初期的第217窟的法华经变中的化城喻品，具有高度的艺术水平，艺术家以丰富的想象力，在壁画上表现了暮春三月烟花如雨的景象。诸如此类，在封建社会中，敦煌壁画的画工不能不按照统治阶级的意愿来描写宗教的题材，但是他们却自觉或不自觉地要表现自己，要表现自己所衷心爱慕、梦寐以求的和平快乐的理想境界。他们运用长期积累下来的丰富艺术知识和经验，发挥了自己的创作才能。他们善于继承优秀的民族传统，并且能够成功地吸取与融合外来因素，从而创造出各个不同时代的独特风格。只要我们在敦煌石窟群中作一次全面的巡礼，就可以显然地判别出来北魏、西魏、隋、唐、五代、宋、西夏、元各自用着不同的艺术表现方法，形成了不同的风格，显示了不同的时代特点。当我们在参观敦煌莫高窟中绚丽多彩的艺术作品时，仿佛置身于万紫千红、群芳争艳的花园里。这些丰富而优秀的艺术遗产，无疑地将为我们研究如何继承优秀的民族艺术传统提供丰富宝贵的材料。

今天，在党的"百花齐放、百家争鸣"的文化政策指导下，在人民意气风发、斗志昂扬的伟大的时代里，如何为社会主义文化创作出多种多样的生动活泼的形式和风格，如何继承民族优良传统而推陈出新地创造革命的现实主义和革命的浪漫主义相结合的艺术，是今天美术工作者的重大任务。敦煌莫高窟的绘画，将在这新的时代里，发挥它的积极作用。

1959年5月写于敦煌

编者注：原载《敦煌壁画》，文物出版社1960年3月。

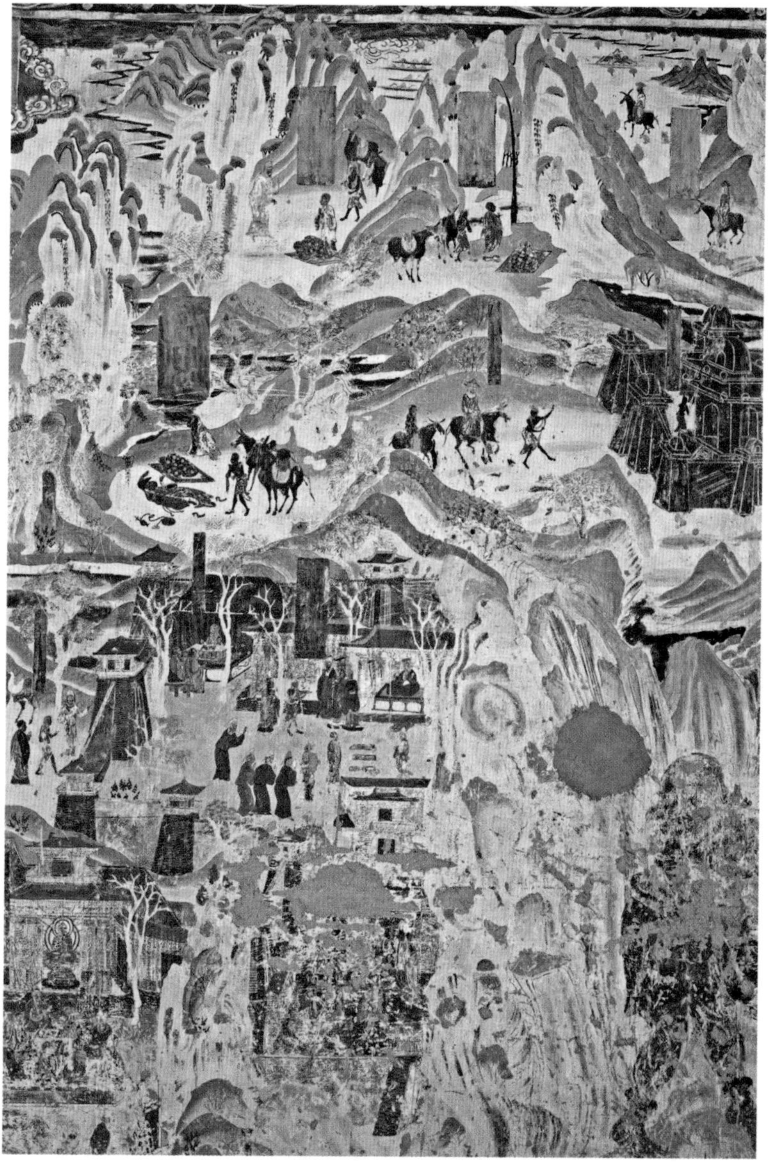

莫高窟第217窟　南壁西侧　法华经变之化城喻品　孙志军摄影（敦煌研究院供图）

从『人大于山』说起

唐人张彦远在他的名著《历代名画记》"论山水树石"中，曾用"或水不容泛，或人大于山"这样的话来概括魏晋以降中国绘画主题内容和表现形式上的一些突出的风格。这种风格，可以从现存敦煌南北朝前后壁画真迹中看到。如第428窟北魏人画舍身饲虎长卷连环故事，萨埵那的两个哥哥发现他们的弟弟为饿虎舍身、骨肉狼藉的特写中，人们可以看到壁画中的"人"，也可以看到壁画中的"山"。但当我们正在欣赏壁画的作者如此生动有力地用线条、用人物夸张的动作和面部表情成功地刻画出其时其地其"人"的呼天抢地、张皇失措的瞬间情景时，假如有人提出绘画上的透视问题，提出"为什么这里人大于山"，必将使我们哑然失笑。我们的"哑然失笑"并不是说不存在"人大于山"的问题，而是说画家在这幅画上的艺术成就的"大节"已超过了一般要求的"形似""小节"。一个艺术家的功力正显示在"似"与"不似"的取舍之间。这个例子说明了魏晋以降中国绘画之所以"人大于山"并不是因为画家不知道"水"与"泛"的比例和"人"与"山"的比例，而是画家在这里强调人物在作品中的重要性，有意把山、水、树、石、舟、车、房作为次要的衬托，有意把"山"和"水"作为象征性的点缀，从而突出了人物在故事画中的作用。

从南北朝经隋、唐、五代一直到宋、元，敦煌壁画的主题内容和表现形式不同的演变特点，如果从"人"与"山"的比例关系来分析，约略可以得到这样一个概念：即魏晋南北朝，人大于山；隋唐，人等于山；五代、宋、元，人小于山。这种演变，贯穿在千余年来漫长的中国封建社会中，反映在思想认识上是"人"与"物"的互相关系的一条红线。魏晋南北朝时期艺术的发展，是在汉代高度艺术水平上融合了从西域传入的佛教内容，产生了中国佛教艺术的根基。这依然是为封建统治者服务的中国佛教艺术，虽然在一定程度上代替了以人物为主的、歌功颂德的宫殿人物画艺术，但穿插了一些新的关于佛教历史"出家""成佛"的释迦牟尼在世行传的故事，因此描写类似风俗画结构的主题人物。突破了过去帝王将相、孝子烈女的框框，不但出现了平民的形象，而且平民在一幅绘画构图中的重要性不减于帝王将相、孝子烈女的地位，画家有意将山水树石作了象征性的点缀。如果说敦煌早期即十六国时期或北魏壁画富有象征和浪漫的特点，那么隋唐艺术的演变就渐趋于现实主义的风格。这个时期在敦煌壁画中所表现的"人"与"山"的关系，是"人等于山"。唐代以人物画著称的大师吴道子的艺术处理方法，正可以从敦煌第172窟东壁维摩变的壁画上来探索。这位一代艺术大师积极采取了配合人物、合乎透视远近法的山水人物的处理办法。

唐以后，一直到五代、两宋理学的发展，人们由不满现实世界而发展到逃避现实，"恍惚于空明之见"；由"格物致知"到"绝物"致知，发展到王阳明、王船山辈的修身养性，成为客观世界实践的主要途径。这个时期的绘画，从唐代的"人等于山"演变到"人小于山"。郭若虚在他的《图画见闻志》上已提到："若论佛道人物仕女牛马，则近不及古；若论山水林石花竹禽鱼，则古不及近。"于是虫鱼鸟兽、山水树石占据着当时画坛的重要地位，人们把绘画当作写"胸中逸气"的一种发泄，满足于"一花一鸟"的得失，满足于"残山剩水"的凭吊，见物不见人，进入了修行出世、自绝于客观世界的地步。

明清以来，在封建社会士大夫文人画戏墨风气的余波中，进入了资本主义发展阶段，从清朝政府昏庸腐朽的统治到国民党奴颜婢膝卖国求荣的半殖民地的统治，奴化和洋化的文艺倾向，使不绝如缕的中华民族文化的命脉受到史无前例的摧残和破坏。幸而五四运动挽回了这种每况愈下的颓废倾向。革命文艺的先驱者在中国共产党的领导下，不懈斗争，使民族民间艺术在为无产阶级革命斗争服务的前提下，发挥了它们空前的作用。1942 年，毛主席在延安发表了文艺座谈会讲话后，使革命的文艺工作者进一步解决了文艺为谁服务的问题与如何服务的问题。为工农兵、为无产阶级革命服务的艺术，经过如火如荼的反帝反封建斗争、抗日战争、解放战争，在毛主席思想光辉照耀下如雨后春笋般地蓬勃发展。

今天，在社会主义建设时代，由于人们掌握了历史规律，主宰了自己的命运，一个革命的文艺工作者知道如何把自己看作开辟历史道路的人。人的主观能动性对于客观世界的作用，比过去任何时代都大大地加强了。要求于一个革命艺术工作者的，不仅是反映现实，而且更重要的是改造现实，就是不断地调整和改进"人与人之间"的物质关系和精神关系，不断地提高人民群众的共产主义觉悟和道德品质，以适应和推动生产力的高度发展。

编者注：原载《人民日报》1962年7月22日。

敦煌飞天

人类的历史，是人类与自然做斗争的历史，是人类生活、生存的历史；而艺术，正是在这历史的土壤中孕育、生长和开放的鲜花。早在商周时代，我们的祖先，就在生产石器、陶器的基础上，发展了玉器和铜器，他们把天地鬼神、奇禽异兽雕刻在上面。春秋战国以后，交通逐渐发达起来，文化艺术交流也广泛起来，因此，铜器上的纹饰转变到实用而轻松的主题，出现了走兽、飞禽、山川等自然风物。古代人民憧憬神仙世界，因而把自然界的风云走兽都神仙化了。为了征服自然，他们就幻想飞行，因而也就出现了有翼的神仙人物，并衬托祥云以表示飞行。1972 年，湖南长沙马王堆楚墓出土的《凤夔人物帛画》《人物御龙帛画》，都描绘了神仙羽人，在流水一般的彩云中奔腾飞翔。山东武梁祠汉代画像石中，就有飞行的有翼神仙与涡线形、波浪形的云气纹。这是秦汉前后中国美术的特点，它对敦煌飞天的形成产生了一定的影响。

公元前 139 至前 126 年，汉武帝为了联合大月氏夹攻匈奴，派张骞出使西域。张骞经过十余年的艰苦危难，最后到达大月氏，但那时大月氏已不愿兴师远征，婉言谢绝。张骞此行，虽然没有达到预期目的，却从远方带来了印度的佛教。① 到了东汉明帝永平二年（59），佛教传入中国，成为善男信女梦寐以求的"天堂"。信心诚笃的唐代行脚僧玄奘、意大利旅行家马可·波罗，他们在丝绸之路上，穷年累月一步一个脚印地东西奔波，交流了文化，增进了友谊。

随着佛教的传入也传入了印度佛教艺术的图像。飞天，就是佛教图像中最令人喜爱的形象。在印度，梵音叫她犍达婆，又名香音神，是佛教图像中众神之一。她出现在乐鼓齐鸣、天花乱坠的佛说法的庄严时刻。她们居住在风光明媚的天宫十宝山中，不食酒肉，专采百花香露，散天雨花，放百花香。《观无量寿经》描写佛国净土时说：

> 如一念顷，即生彼国七宝池中，……行者身作紫磨金色，

---

① 编者注：张骞出使西域的影响，主要在于促进西域与中亚各国的联系，推动其政治、经济和文化上的交流。

足下亦有七宝莲花……经于七日，……即能飞行遍至十方。

这说明飞天和西方极乐世界的往生灵魂一样，诞生在七宝池中，她们也都是莲花的化身。敦煌莫高窟第 257 窟北魏背光画中的两个莲花化生，就是往生灵魂的雏形。

从鄯善沿着天山南路东行大约三四百公里，就到达了玉门关内的敦煌莫高窟。这个地处河西走廊尽头的塞外江南，从历史和地理上考察，它和天山南路的于阗、鄯善等地的关系是比较密切的。5 世纪高僧法显的西游，就是从敦煌经米兰（鄯善）、于阗并在那里参加祇园盛会的。自公元前 111 年汉武帝建立河西四郡后，敦煌就是一个总绾东西"华戎所交"的都会。随着政治、经济的发展，文化也有了一定的发展。敦煌汉代就有著名的书法家张芝，晋代有索靖及沙门竺法护，南北朝有刘晒，隋朝时有薛世雄，等等，都是历史上文艺、政治、宗教方面的头面人物。这一切都说明敦煌具有悠久的历史文化传统，也说明敦煌艺术源远流长，因而敦煌飞天才具有迷人的魅力。敦煌莫高窟第 285 窟西魏壁画中，就能看出顾恺之的笔墨遗风。同样，从他的名作《女史箴图》表现的长裙曳地、迎风飞动的垂饰以及气韵生动的风格，也显示出中国古代绘画传统对敦煌飞天艺术的影响。

当汉武帝派张骞出使西域时，正是耶稣诞生前一个世纪的时候，东方和西方两大世界性的宗教正在兴起。印度和中国信奉大乘佛教，西方拉丁世界信奉基督教。这两大宗教虽各有各的教义，但两种宗教同样含有救世济人、慈悲为怀的共同愿望，都需要运用文学艺术中最有感染力的方式和雅俗共赏的图画、语言，使迷信与幻想蒙上一层善与美的轻纱，配以动听的赞歌。而敦煌飞天，正是这些艺术赞歌的优美插曲。

从印度传来的佛教犍达婆（飞天），上身赤裸，在舞带飘忽中做出凌空飞舞的姿态。鸠摩罗什在公元416至417年译成的《妙法莲华经·譬喻品》中，有关于裸体飞天的一段描述：

> 尔时四部众比丘尼、优婆塞……乾闼婆（即飞天）……见舍利弗于佛前受阿耨多罗三藐三菩提记，心中欢喜踊跃无量，各个脱身上所著上衣，以供养佛。

这就是飞天袒衣露胸的依据，同时也证实了，当时中国佛教的图像已突破了封建社会衣冠周正的习惯。自此以后，我国新疆、敦煌、云冈、龙门等地，在四五世纪差不多都出现了袒衣露胸的菩萨和飞天。

飞天，是浪漫主义思想方法与创作方法相结合的产物，是古人最善良、最美丽的理想憧憬的进一步飞腾与升华，而敦煌则是飞天的荟萃之地。莫高窟492个洞窟中，有270多个洞窟绘有飞天，总计4500余身。其中仅第290窟就有154身各种姿态的飞天。盛唐第130窟中有身长2.5米的飞天，也有不到5厘米长的飞天。这些飞天图像，不受造像度量经的约束，千变万化的姿态，随意画在洞窟内较高的壁面。她们被画在窟顶藻井图案的四角、藻井中心部分、藻井垂幔的四周、佛龛顶部、佛说法图上方、佛故事画的上方、窟壁上部周边等处。飞天飘游在西方净土变的上空，穿行在楼阁门扇窗框间、佛说法的背光中。她们配合整窟壁画，起到装饰美的作用，丰富了"天衣飞扬，满壁风动"的意境。

敦煌早期的飞天绘画，代表了艺术匠师们摆脱了汉魏以降传统礼教的束缚，驰骋他们的幻想力，是具有浪漫主义风格的伟大的创作。"飞"表示他们精神的解放，是早期艺术风格的特征。豪放的笔力，对比的色调，在行云舒卷、流水有声的画面上，倾吐了千百年被压迫、被屈辱、被歧视的敦煌古代无名画工们发自内心的呼声。

北魏时期的飞天，可以明显地看出两种风格。一种仍保持浓厚的西域风格，笔触粗健豪放，体态野犷简单。在大红底子上着灰（这种灰色是银朱混合色年久所变的）、石青、石绿、黑、白等色烘染。另一种显然是从中原传来的风格，飞天脸形修长，飘带尾部锋利如削，飞行动作虽然加强了，但是不能轻盈自如。还有一种画在背光中的飞天，她们配合背光向上趋势的火焰，一身接一身地向上飞翔着。

敦煌莫高窟有西魏大统四年（538）、五年（539）题记的第285窟，这个窟顶绘制了伏羲、女娲、日天、月天，还把灵鸟、怪兽、风伯、雷神画在天花与流星、行云之间。在这满壁风动的天空中，还穿插有身材比较苗条细长、飘带翻卷、潇洒的飞天，她们已粗具顾恺之《女史箴图》的"骨法用笔""气韵生动"的流韵。该窟南壁得眼林故事画的上方，配置了一条6米多长、一气呵成的12身俊秀美丽的伎乐飞天，这是莫高窟飞天的一幅划时代的杰作。从此使北魏以来带有天竺石刻菩萨那样壮实飞天的造型，变成晋顾恺之那种秀骨清像、体态婀娜的风姿。这一时期的飞天画在行云流星中。云气纹伴随飞天，千变万化，以至天衣与云气达到鱼水难分的地步。这12身伎乐飞天，她们演奏着琵琶、箜篌、鼓、箫、笛、笙、排箫等。这些飞天绘制在天花乱坠的明亮白垩底色上，配以钴蓝、石青、石绿、朱砂、黑等色，并用朱红及墨线勾勒，其用笔之流利婉转，与其说是出自高手的神笔，不如说是春蚕吐丝。

在那12身优美的伎乐飞天中，奏箜篌的飞天正在安详自然地挥动纤巧的双手，弹奏出清脆悦耳的乐声，似美玉碎裂的声音，又像凤凰的鸣叫，似带露的荷花在低怨，又像芳香的兰花在纵笑。那手执琵琶的飞天，好像正在构思一曲新颖的"琵琶行"，用白居易的诗句去披露她胸中的构思，一定相得益彰。"嘈嘈切切错杂弹，大珠小珠落玉盘。间关莺语花底滑，幽咽泉流冰下难。"她使我们迷离恍惚地沉醉在不尽的声韵中。

隋代的艺术匠师们，像镶嵌金银做的器皿一样，用绚烂的色彩描绘流云般的卷草纹、联珠纹和对兽纹等，更增加了隋代飞天的华美。隋代飞天的身躯，画得比较灵活，配合飘带所占的空间比北朝的大。飘带曲折翻卷，加上大动作的舞姿，显得动感较强。再配以波浪形的五彩缤纷的唐草卷叶，推波逐浪，使飞天和花草行云都在用同一个速度流转运行。有的飞天紧贴蓝天，好像不是在窟壁上飞行，而是在浩瀚无垠的太空中疾飞速翔，势如流云飞度，花随人舞。尤其新颖的是，第407窟隋窟藻井，在华盖图案中心，绘制了一朵丰硕的莲花，花心有三只兔子向一个方向奔跑，三只兔子只绘了三只耳朵，每一只兔子借用另一只兔子的耳朵，这是艺术匠师多么巧妙的创作！更精彩的是，在这莲花周围蓝纹的底色上画了8身飞天，在彩云飞花中追逐飞绕，栩栩如生，生意盎然。

从公元618年起，历时将近300年的唐朝，是我国封建社会文化艺术的盛世。从"贞观之治"开始，总结了历代艺术的创作经验，保留了北魏拓跋族所特有的粗犷有力的笔调和中国画史上顾恺之、陆探微"迹简意淡而雅正"的风格，并通过丝绸之路和往来敦煌古郡的旅客吸取了伊朗萨珊王朝细密精致、色彩瑰丽的纹饰和印度3世纪阿玛帝时代石雕造像那样肥硕生动、富有肉感的人物造像等因素，改变了过去六朝造像秀骨清像的时代特征。人物造型开创了张僧繇"面短而肥"的杨贵妃式唐代美人的丰腴圆润风格。

这个时期的飞天，面形丰满圆润，体态婀娜多姿，临风飞舞，像我们时代在外层空间的航天人，在失重的情况下自由自在地轻轻飘浮在天空彩云间。由于初唐到现在已经经历了1300多年的历史，飞天赤裸上身的颜色，由原来的银朱和白粉氧化变成棕黑色。第321窟与第320窟黑飞天是敦煌飞天美中之美的代表。她们是刚从天宫凭栏伎乐群中投身下凡的天女，是敦煌古代匠师们精心

莫高窟第407窟　窟顶藻井　三兔莲花飞天井心　张伟文摄影（敦煌研究院供图）

刻画出来的造型。看到她们伸展自如、婀娜多姿的体态，我们不禁联想到意大利文艺复兴时期的大师波提切利所画的《维纳斯的诞生》等驰名世界的杰作。敦煌无名的艺术匠师们和佛罗伦萨的艺术大师们一样，他们在安排自己所创作的优美飞天伎乐时，注意与周围宗教气氛相和谐。仅看一下第321窟黑飞天的手臂处理和天宫诸凭栏菩萨像舞蹈一样的手势、身段与动作，一定会使你叹为观止。这些凭栏菩萨和下降飞天，都具备着宗教一般深情而无邪的神秘的爱抚。敦煌古代的艺术匠师们用现实主义与浪漫主义相结合的手法，成功地表现了香音神一尘不染的宗教情操，提高到超人的幻境中，给人以完美的艺术享受。

　　敦煌壁画的主题是根据佛经内容而定的。敦煌石窟藏经洞中发现了不少阿弥陀净土经。将佛经内容用图像故事画在壁上的，就叫作"变相"或"变现"。把《阿弥陀经》主题用图像故事画在壁上的，就叫作"阿弥陀净土变相"，或"阿弥陀经变"，或"西方净土变"。这个变相的内容，是"弥陀佛坐中央，观音、势至二大士侍左右。天人瞻仰，眷属围绕，楼台伎乐，水树花鸟，七宝严饰，五彩彰施"。飞天就是在天花乱坠的释迦牟尼佛说法时出现的。她们有时出现在池角水边，有时出现在天宫的楼阁中，有时又从亭角的窗户中穿梭似的往返上下飞舞。使我们惊异的是，飞天的飞翔并不是靠翅膀，而是靠迎风招展的几根彩带，是用线表现出来的飞舞。这就是画史上所说的吴道子线描式的飘带迎风飞舞的"吴带当风"。敦煌唐代飞天，正是乘着当风的"吴带"而生动活泼地飞翔起来的。

在中国美术史上，人们一贯用"曲铁盘丝"来形容晋代画家顾恺之的有力线描，用"春蚕吐丝"来形容吴道子的行云流水般的线描。敦煌飞天发展到像顾恺之线描的坚实，像吴道子线描的连绵不断，从而构成了中国佛教艺术在敦煌杰出的创造性成就。在从北魏到隋唐的发展过程中，曾经有一段时间，印度佛教艺术受到来自西方犍陀罗式的希腊艺术的影响，有所谓犍陀罗希腊—印度佛教艺术。他们表面上模仿汉代的线条，实际上都是希腊时代遗留下来的呆板线条，有所谓曹仲达的"曹衣出水"式的平行衣褶上的线条，这就形成了佛陀袈裟的宽袖大袍。它不只包括了印度民族生动活泼的石雕艺术的优良传统，也使印度早期石刻飞天成为沉重不能上升的艺术形象。直到4世纪的阿玛尔筏帝时代，才摆脱了犍陀罗式，而创造了丰硕圆润的印度阿旃陀时代的民族人物造型。这也很类似敦煌飞天艺术摆脱了北魏粗犷时代，而达到隋唐的民族传统发展时期。

到了五代、宋、元时代，像初盛唐那样依靠飘带起舞的飞天少了，而是衬托一堆云气表示飞行，因此"吴带当风"那样轻身起舞的飞天少了，飞天的造型也变得比较笨重了。这时的飞天造型，下面托着一大堆卷曲式的云层，装饰性强了，但飞天临风起舞的印象淡了。到了西夏及元代，大概蒙古和西夏民族已没有隋唐的清秀婀娜，飞天的风格也变得像明朝重床叠屋的艺术风格了。

（本文与李承仙合作）

编者注：原载《敦煌飞天》，中国旅游出版社1980年7月。

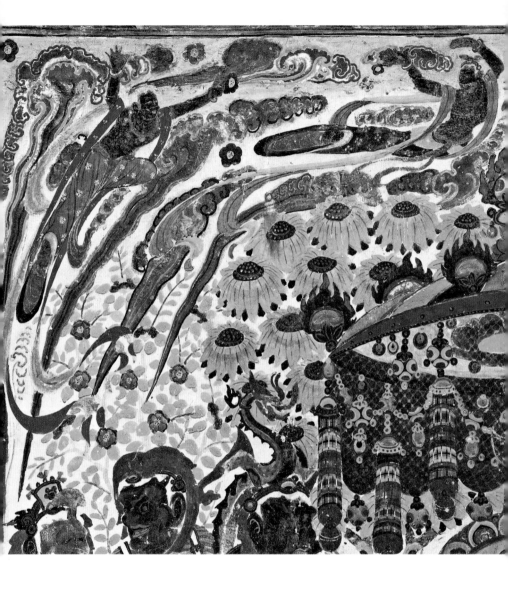

莫高窟第320窟　主室南壁上方　散花双飞天（敦煌研究院供图）

长期坚持敦煌壁画临摹工作的李承仙同志

当我们在敦煌的洞窟中面对着彩色斑斓的壁画时，从它们那奔放的笔触和遒劲有力的线条中，仿佛看到古代壁画作者们正在挥笔用墨；他们的得失和优劣，常常在我们内心的深处引起赞叹和惋惜，他们的浩繁的、卓越的劳动成果吸引了我们，并鼓舞我们这一二十个美术工作者在千佛洞长期地从事临摹工作。通过临摹，深入地研究古代艺术遗产，同时把这些埋藏在洞窟中的宝藏广泛地介绍给人民群众。

李承仙同志就是这一二十个美术工作者中的一个。近十年来，她一直从事于魏、隋、唐、宋各时代的壁画的临摹工作。解放以前，在荒凉的沙漠中，工作是漫长而寂寞的。同时，由于经费极缺少，再加上自然条件的限制，如洞窟中阴暗的光线、窟内外截然不同的气候等，生活和工作都是非常艰难的。在夏天，当戈壁滩上的流沙为烈日晒得可以蒸熟鸡蛋的时候，第 61 窟中的深处最高温度却只不过 23 摄氏度。同时由于洞内外光线的悬殊，在长久工作之后，出洞时看见阳光连眼睛也睁不开。因此，第 61 窟里面的工作，好像与外面隔绝而成为冬夏昼夜两个极端。当盛夏的中午，李承仙同志在第 61 窟从事临摹工作时，却要穿上棉袄，一手拿灯一手执笔，才能够从事壁画的临摹。就这样，她在第 61 窟临摹了 50 平方米大的"五台山"全图和 36 幅佛传故事画，足足在洞窟中工作了 13 个月。空气和温度的急骤变化，使她经常在夏天伤风咳嗽。光线的差别，使她在白天工作中长期患着因光线不足而两眼流泪的病。但她并没有向这种环境屈服，相反的，却对第 61 窟产生了深厚的感情。当第二个春天到来的时候，她索性在洞窟前面（的）沙土中种了一些生命力很强的花草，虽然缺少肥料和水分，但到了夏天，那些瘦长的波斯菊和金盏花，终于开了花，给生活增加了美和愉快。当时，在极端艰苦的工作和吃不饱穿不暖的生活条件中，她就是这样把工作坚持下来，直到 1949 年 7 月敦煌解放。

随着敦煌的解放，党和政府对敦煌文物的保护与重视，使工作得到了新的开展。在首都北京公开展出敦煌的壁画，受到广大人民的普遍喜爱并获得当时政务院文化教育委员会的奖励，这一切，使全体职工同志都加强了对这一工作的信念。同时由于群众对敦煌文物的重视和对工作进一步的要求，同志们为了提高临摹质量、提高技术、加速进度，都在开动脑筋，从各方面作了不同程度的努力，李承仙同志就是这样前进的队伍中执着的一个。自从她在1954年被批准（成）为光荣的共产党员后，由于党对她的直接培养和教育，更增加了她工作的积极性。她刻苦、富有钻研精神，工作细致而耐心，自1948年到现在一共临摹了128平方米的壁画。

李承仙同志过去是在艺专学习"西洋画"的，一开始临摹工作时，就用油画或水彩的写生办法，追求壁画上变色的斑点和破墙残壁裂缝的写照，从外表上来认识壁画、摹写壁画。因此花费在描写外表现象的时间精力比对于绘画本身的分析理解所花费的要来得多，所得的效果是"外表像、神气不像"，缺少原画的精神和大幅构图的气魄。这正是1951年敦煌壁画在北京展出时，许多美术工作者对我们大部分摹本所提出的中肯的批评。为了克服这个缺点，李承仙同志首先从学习中国绘画的特点着手，认识到贯穿在魏晋一直到唐宋时代的线描就是中国绘画的主要特点之一。她开始感觉到线描在中国绘画上不但可以准确地表现人物外形轮廓，而且在利用毛笔起落运动的快慢、线条的粗细、水墨的干湿等方面可以生动地处理人物的表情、动作和光暗，等等。在另一方面，线描能使中国绘画画面调和统一，并富有装饰性的因素。1953年，当她投入第285窟整窟临摹工作时，利用早晚的业余时间，勤恳地进行着线描练习，同时学习了晋王羲之《笔势论十二章》中"形质快健，手腕轻便，方圆大小，各不相犯"16字的运笔经验；尉迟乙僧的遒劲有力，"如曲铁盘丝"的笔力以及古人"意存笔先，画尽意在"的理论。经过长期的锻炼，她深刻地体会到笔墨的运用与人物刻画的关系，尤其是笔墨与人物形象的内在联系，从而认识到中国绘画上的线条不是孤立的，而是能够赋予形象以生动活泼的感染力。

对于一个从事水彩画和油画的美术工作者来说，在吸水很多的生宣上着色烘色，是会碰到很多困难的。为了突破困难，她从老国画家那里学会一只手同时拿两支笔，同时上色与渲染的技术。这种操作方法不但提高了工作速度，而且得到了比较良好的效果。

中国壁画是使用水粉颜料着色的，比一般卷轴画要来得厚重。原有壁画的颜色，因为质地不同，在长年的日光及风沙的侵蚀中，不同程度地变色褪色了。临摹的人必须掌握不同质地的颜色变化规律，然后才能比较自如地从事临摹。李承仙同志在这方面也下了许多功夫，因此她能够按照壁画颜色变化的规律，如石青、石绿采取饱和的平涂，银朱变色看它含粉量的多少，采取平涂未干时即施渲染等不同的操作方法，这样，在色彩效果上，就比较能够接近原作了。她在 1952 年与其他同志进行第 285 窟整窟临摹时，就首次采用了这样不同的方法，得到了初步良好的结果。

第 196 窟晚唐的"劳度叉斗圣经变"壁画的临摹，是 1955 年李承仙同志与霍熙亮、李复二同志共同完成的。这幅壁画原来高 4 米宽 10 米，摹本和原壁画同样大小，是敦煌文物研究所历年临摹壁画中面积最大的一幅。这幅壁画在第 196 窟整占了西面一壁。洞窟的中央有一个须弥坛，坛后有 3 米宽的背屏，这个背屏遮盖了 1/3 的画面，洞窟中央大部分空间都为中央须弥坛所占据，地位狭隘，操作非常困难，尤其是背屏后面的画面离西壁只有 1 米宽，没有足够的退步。李承仙同志带头布置画面，首先对搭架、描稿、修稿各方面都作了周详的安排。她在开始临摹前，与小组里的同志们对壁画的主题、内容进行了仔细的研究，了解原画的作者如何从不寻常的角度，刻画出外道邪魔和菩萨的斗争时生动的形象。李承仙等同志以千百年后同业者的热情抓住了这幅壁画在艺术方面的丰富成就，通过临摹，使这千百年来为尘土漫漶了的壁画恢复了原来的生命。她在从事这幅大壁画临摹工作时，倡议对于主要人物的动作、衣褶线条加以详细的研究，逐一地作出初步摹绘的小样，拿这个小样与原画评比研究，然后加以修正，最后再开始画在大幅上。这种对于重要人物先进行小样摹绘的办法，使工作达到了又好又快的要求。1955 年在北京敦煌艺展展出的第 196 窟 40 平方米大幅壁画"劳度叉斗圣"就是李承仙等同志用 357 个工作日采用上述的先进操作方法所产出的优良的果实。在这个先进工作经验的基础上，李承仙同志还提出了临摹工作中要"三查四评"的倡议；这个倡议受到全所美术工作者的欢迎，已成为临摹工作中实现"又多、又快、又好、又省"要求的具体方法之一。

在北京参加全国先进生产者代表会议时，李承仙同志给全体同志来信写道："……这一刻，我亲眼见到了六亿人民的领袖、我们所爱戴的毛主席！我的眼泪扑簌落下，我感到光荣、幸福和骄傲，在这时更深切地感到党的领导。感谢不分寒暑地长时期在沙漠上共同坚持工作的全体亲爱的战友们给我的帮助和教育。这光荣、幸福、骄傲是属于我们的整体的！……"

如来信中所流露的真挚感情，她对民族美术的珍爱，对整体、对同志、对自己所从事的事业（的）衷心热爱，正是支持她长期坚持敦煌壁画临摹工作，支持她在工作中创造出优越成绩的力量。

编者注：原载《美术》1956年第9期。

礼失而求诸野——学习毛主席关于批判地继承文艺遗产的理论手记

正确地总结 2000 多年来中国封建社会造型艺术创作的经验，不但可以帮助我们认识社会发展规律对艺术的作用，而且可以利用这些客观发展规律，把长期以来被歪曲的理论所埋没的古代优秀艺术传统摆在应有的地位上。遗产的整理和研究、古为今用、推陈出新，对发展社会主义文化艺术具有十分重要的意义。

从古代遗留下来的文学著录来看，魏晋南北朝时期先后出现的有曹丕的《典论》、陆机的《文赋》、钟嵘的《诗品》、顾恺之的《画论》、刘勰的《文心雕龙》、谢赫的《古画品录》，等等。这些文艺理论与文艺批评的专著，形成了我国古代艺术理论发展道路上的一个重要阶段。它们不仅是从社会的观点来考察艺术问题，而且总结了丰富的艺术创作的实践经验，对我们今天批判地继承遗产、推陈出新提供了有利条件。但作为造型艺术研究的对象，还是着重在具体作品的比较分析，着重在实物的观察与剖视。秦汉以来，两千数百年中国封建社会各时代具体艺术作品的主题内容、创作思想、表现形式等各方面演变发展的情况，正是总结经验的关键。不幸的是在漫长的封建社会频繁不息的变乱战祸中，曾经见于画史著录的许多装饰王宫、祖庙、祠堂、画阁等建筑物的壁画和彩塑毁于兵燹，毁于火灾，毁于自然的侵蚀。少数劫后仅存的卷轴藏画，也受到历代皇帝残酷的摧残。从历史记载知道，继秦始皇"焚书"之后，汉武帝建秘阁，广搜天下法书名画，但一到董卓之乱就全部被毁；梁元帝收藏书画典籍 24 万卷，在兵困城下，乞和求降之前全部焚毁；唐太宗时期的《贞观公私画史》所载名画不过 293 卷。这以后历代帝皇收藏虽有所增益，但近百年中接二连三地经过帝国主义掠夺，经过国民党官僚贪污中饱，经过敌伪分子变卖盗窃，清朝末代皇帝在故宫所存已寥寥无几。最后，当宋代、西夏兵乱时际秘藏在敦煌莫高窟第 17 窟内的仅有的一批民间收藏的抄本、画卷，于 1900 年 5 月 26 日被下寺主持道士王圆箓偶然发现后，也在 1907 年及以后的数年中，与石室藏经一同被英、法、美帝国主义分子斯坦因、伯希和、华尔纳等掠夺而去。无数代表伟大祖国艺术传统的历代艺术真迹，就是这样毁于封建皇帝，毁于反动统治阶级，毁于掠夺成性的帝国主义文化间谍之手。这不仅使祖国的古代艺术宝库遭到浩劫，而且使我们在研究造型艺术传统方面丧失了许多直接凭借的机会。

历代的一些艺术理论中，尤其是宋元以来受到理学与道教出世思想所支配的文人学士对于艺术的见解，使创作逐渐脱离社会生活。苏轼认为绘画要表现的是"理"；郭若虚则强调气韵与人品的关系，他说只要人品高，则气韵必高，形成了绘画是发挥个人意识，写"胸中逸气"的工具。一些不满于当时统治阶级的文人，牢骚满腹，由不满现实而无视现实。客观世界在当时文人学士、艺术家的心目中已不存在了，于是满足于"一花一鸟"的得失，满足于"残山剩水"的欣赏。从山水、花鸟中看人品、看道德文章，可看出越来越脱离实际、脱离生活，玩世不恭地斤斤于笔墨戏弄。意境的表达，形成了文人画的墨戏风气，使汉唐以来毛延寿、顾恺之、阎立本、吴道子等以描写人物与社会生活为主的大幅构图的优良传统从此慢慢退出画坛。早在宋代郭若虚的《图画见闻志》就已经提到："若论佛道人物仕女牛马则近不及古；若论山水林石花竹禽鱼，则古不及近。"可见，我国优秀的艺术传统受到了破坏。

但与此同时，为张彦远和以后的美术史论家所未曾提到的，还有一支为士大夫和地主阶级所不齿的画工、画匠的庞大队伍。他们穷年累月、寒暑无间地在深山旷漠的石窟庙宇或陵园墓室中，埋头于以人物画为正宗的艺术创作，因而沦落乡野，默默无闻。这些千百万无名画家的不断努力和辛勤劳动，使汉、晋、南北朝、隋、唐、五代历经宋、元、明、清到全国解放两千数百年来一脉相传的祖国优秀艺术传统得到保持和发扬。它的伟大的艺术生命力，像长江、黄河的激流一般，穿过崇山峻岭，屹立在劳动人民中间不为所动。

新中国成立以来，全国人民在伟大的领袖毛泽东同志和中国共产党的正确领导下，经过社会主义改造和社会主义建设，十余年来在政治、经济、文化、教育各方面的巨大成就，超过了历史上的任何时期。（在）继承民族优秀文化遗产方面，无论是理论或是实践也都有了丰硕的收获。毛泽东同志《在延安文艺座谈会上的讲话》（以下简称《讲话》），结合我国文艺运动的实践，创造性地阐明了马克思列宁主义的文艺思想，深刻地解决了文艺工作一系列的根本问题。对于过去文艺遗产，《讲话》明白指出：

> 实际上，过去的文艺作品不是源而是流，是古人和外国

人根据他们彼时彼地所得到的人民生活中的文学艺术原料创造出来的东西。我们必须继承一切优秀的文学艺术遗产，批判地吸收其中一切有益的东西，作为我们从此时此地的人民生活中的文学艺术原料创造作品时候的借鉴。

这就改变了某些人轻视祖国遗产的态度，知道优秀的遗产如何在社会主义文艺建设中起重要的作用。《讲话》的精神使我们感到，为了繁荣创作，使文艺工作更好地为工农兵、为社会主义建设服务，在深入生活、反映生活的同时，有必要把失去的古代优秀文化遗产和民族民间传统求诸野、求诸地下、求诸民间，进行发掘、搜集、整理和研究，使两千余年来为封建主义、帝国主义所统治、所阉割、所埋没的祖国优秀艺术传统在百花齐放、百家争鸣、推陈出新的方针指导下，更加发扬光大。13 年来，我们从考古发掘、整理研究、批判分析等方面所得到的成果，已把中国美术史缺失的部分逐步地填补起来。这就使我们有条件可以从代表新石器时代仰韶文化的彩陶纹样、西周奴隶社会青铜器纹样、楚国的帛画、汉代墓室壁画和画像砖以及魏、晋、南北朝、隋、唐、五代、宋、元各代丰富的艺术遗产等来从事科学的艺术史的研究。

敦煌艺术，正是魏、晋、南北朝以来千余年间中国绘画和彩塑杰出成就的活的见证。它肇始于五胡乱华的十六国时代，经北魏、西魏、隋、唐、五代、宋、西夏、元千余年连续不断的修建，在最盛的唐代，修建的洞窟达到 1000 多个。经过长期以来自然和人为的损毁，（莫高窟）解放以前的编号只有 309 个。经过整理，尤其是解放以后由于党和政府一贯重视，我们在优越的工作条件下，并有充足的人力、物资设备，（经）大量发掘和修缮，至今留有壁画、塑像的洞窟编号共计 480 个。石窟上下最多的地方有 4 层，南北绵延长达 2 公里。据不完全统计，若把全部壁画以 3 米的高度衔接起来，总长度达 25 公里以上。通过石窟内光辉的艺术制作，我们看到的是千千万万无名艺术匠师们连续不息千余年心血劳动的惊人成就，他们伟大的劳动，为我们系统而完整地保存了一脉相承的祖国艺术传统。

我们在敦煌壁画中可以看到，古代艺术匠师们是如此勤劳而诚挚地表现历代的社会风貌、人文习俗，表现历代人物、服饰、舟车、耕作、舞乐等的演变与发展。例如绘制于北魏的狩猎场景（第 290 窟），体现了张彦远《历代名画记》所说"群峰之势，若钿饰犀栉，或水不容泛，或人大于山。率皆附以树石，映带其地。列植之状，则若伸臂布指"的中国早期绘画风格；又如那绘制于隋代的驼车（第 303 窟），简练生动；绘制于北魏的上菩萨像（第 427 窟），美丽多姿，这就是段成式《寺塔记》所谓"释梵天女悉齐公妓小小等写真"的现实主义作品。

南北朝时期，盛行佛教净土宗信仰，唐代已大规模流行西方净土变的构图壁画。唐代诗人白居易在描写他请画工画的西方世界时说：

> 弥陀佛坐中央，观音、势至二大士侍左右。天人瞻仰，

眷属围绕，楼台伎乐，水树花鸟，七宝严饰，五彩彰施。

我们从唐代敦煌壁画中，就可以找到这种各式各样高度现实主义的描写手法，刻画出佛教信徒理想中的美好世界。如莫高窟第172窟唐人画的西方净土变，就是一幅有代表性的作品。这幅变相的主体是一座全部建筑在水面上的规模巨大、结构华丽的殿堂，整幅建筑像浮出水面的一朵莲花似的挺秀美丽，正中是主题所在，也是佛说法会的核心。画家在华丽的殿堂平面上，布置了阿弥陀佛和左右观世音、大势至菩萨，以下是诸圣众。下面一组3个小平台，台上左右两组由管弦及打击乐组成的16人乐队，最下一层是供养菩萨及孔雀等。画家还有意把庄严的至尊阿弥陀佛及观音、大势至等诸圣众安坐在露天平台上，并且赤裸了上身，好像表示夏天说法的一个情景。仔细看来，七宝池的微波，荡漾着荷叶莲花，在佛殿和阁楼上面（的）天空中，还点缀着一组一组浮游在云朵中的赴会听法菩萨及飞天、乐器、璎珞、花朵，显示了天花乱坠的净土世界的庄严场面。

敦煌的这一部分艺术，利用了一切可以利用的传统技术和表现形式，形象地创造出一个不可能实现的美丽动人的画面。汉以后，佛教艺术兴起，虽在一定程度上代替了歌功颂德的宫殿艺术，却间接地巩固了当时的统治，麻痹了人民的斗志。

从此不难看出，敦煌艺术像一切宗教的文学艺术那样，它们利用丰富的民间民族艺术传统，以现实主义和浪漫主义相结合的

莫高窟第172窟　北壁　观无量寿经变局部一　孙志军摄影（敦煌研究院供图）

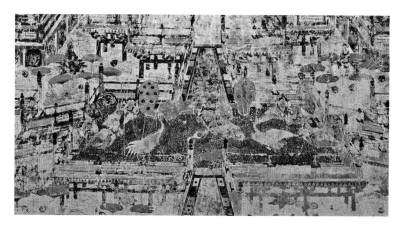

莫高窟第172窟　北壁　观无量寿经变局部二　孙志军摄影（敦煌研究院供图）

创作方法，创造出十分动人的画面。其目的在于配合佛教哲学和教义宣传，导致人们脱离外在世界，进入像西方净土变那样不可能实现的美丽的幻想中去。强调"神与灵魂"是佛教教义的重要部分。"解脱"尘世生活的教义始终是佛教的中心思想，也是阶级社会一切宗教体系的特征。苏联学者谢尔巴斯基在《佛教哲学学证》中引用了佛教经典借神说法的教主口吻说出了下面的话：

> 像大海的水一样，只有一种味道——盐的味道；我的教义也只有一种味道——"解脱"的味道。

佛教的哲学思想就是用来为"解脱"思想提供论证的。文学与美术都是形象地向人们宣传如何从现实世界"解脱"的"法门"。上面所引论到的敦煌唐人画中十六观的日想观，正如列宁引证"人看见太阳"所说的：

> 佛教哲学就不分别地去分析人和分析太阳，而只是看见太阳的人受到分析。

宗教所宣传的对象，可以用列宁的话来说——"只是被剥削的人才会受到'解脱'的宣传"。

尽管敦煌壁画的主题内容具有为统治阶级服务的反动本质，但通过人民画工的劳动表现在画面上的各种内容和各种形式，却充分地显示出民族气魄、地方风格和时代特征，反映了当时社会风俗习尚的形形色色。如第 257 窟鹿王本生故事画中所穿插的建筑、车马等的造型格式，基本上还是沿袭了汉晋风物的体制。如壁画中王后所乘的马车前后有帷幕，《后汉书·舆服志》所载王后所乘的车也有帷幕。再如第 290 窟北魏人画的佛传故事画中所描写的洒扫、狩猎、耕作及人物服饰、作战武器、生产工具等，无一不是北魏时代的式样，形象生动地刻画了当时的社会生活面貌，是科学地研究物质历史所不可缺少的宝贵资料。

从各时代壁画技法的演变发展中，可以看到唐代在现实主义的表现技法和设色构图方面已达到高度的水平，也是研究中国美术史必不可少的依据。如第 220 窟绘于唐太宗贞观十六年（642）的正在作胡旋舞的四个伎乐在急速旋转中当风的飘带，在音乐声中显示了旋律的节奏，流利的线描使人想到画史上"吴带当风"那样逼真的形容。再如绘于 8 世纪初期的第 217 窟南壁法华经变中的化城喻品，是一幅代表画史上所说的李思训金碧辉煌作风的大青绿山水。作者在这幅大壁画中，以丰富的想象力，绘声绘色地描写了暮春三月，烟花如雨，生机勃勃的景象中，佛教的"导师"如何引导信徒摆脱了尘世的留恋，走向漫长的"解脱"道路。这是一幅具有说教意义的作品。

诸如此类，举不胜举的敦煌壁画的许多动人画面，说明了画家虽然当时接受了宗教的题材，像文艺复兴时期的大师达·芬奇、拉斐尔、米开朗琪罗那样，他们有一颗艺术家的心，（但）在不知不觉中表现了自己所向往的幸福世界，描绘出一幅幅生动美丽的图画。无数无名艺术家在长期从事敦煌艺术的创造过程中，他们曾付出了辛勤劳苦的代价，也摸索出一套在创作上继往开来的宝贵经验，包括如何在民族（艺术）的基础上吸取与融合外来的因素，繁荣并发展了以人物故事为主的现实主义创作方法。对于优秀的敦煌艺术遗产的继承问题，正如毛主席《在延安文艺座谈会上的讲话》中所指出的：

> 我们必须继承一切优秀的文学艺术遗产，批判地吸收其中一切有益的东西，作为我们从此时此地的人民生活中的文学艺术原料创造作品时候的借鉴。

因此，学习毛主席《在延安文艺座谈会上的讲话》，应当批判地继承文艺遗产，更坚决地做好敦煌艺术的研究、发扬与保护工作。

1962年5月23日于兰州

编者注：原载《甘肃日报》1962年6月2日。

敦煌壁画与野兽派绘画——关山月敦煌壁画临摹工作赞

当 1943 年国立敦煌艺术研究所筹备成立开始的时候，我就在满目荒凉、冷落的莫高窟皇庆寺接待第一批热爱中国古代艺术的拓荒者关山月夫妇和赵望云先生。记得那正是中秋以后沙漠苦寒的季节，沙漠上仅有的几片黄叶为开始的冬寒已脱离了杨树枝头的时候，迎来了我们阔别已久的不速之客，这种得未曾有的空谷足音，（使我）像长期生活在沙漠深处的蒙古牧民那样，显得从未有过的亲切和欢乐。当时正值捉襟见肘的经济困难的时期，自己住在皇庆寺（中寺）香客用的土炕上。让出另一个小土炕，为山月夫妇铺上麦草；望云和我同住在另一个炕上。我们虽然准备了一些柴火，弄到一个炭炉，但戈壁滩上夜间仍彻骨寒冷。来自岭南的山月夫妇，极不习惯饮食起居，喝了苦盐一样大泉的流水即患腹泻，他们却毫不介意。白天由我陪同为他们向导解释，夜间，一盏半明不灭棉籽油的暗淡灯光下，他们坐在炕头上热情地提出各自（在）敦煌自北凉到宋元 10 个世纪前后 1000 年的演变发展的初步巡礼中的所见，并对敦煌艺术大为赞叹。直到夜深人静，戈壁滩上明月高照，万籁俱寂，感到腹中饥饿，山月夫妇取出来自关内的罐头食品，我拿出那年夏天用敦煌葡萄酿制、像醋一样酸涩、被望云称为"常氏精制法国葡萄酒"的所谓"葡萄酒"来，庆祝戈壁之夜"西出阳关有故人"。我们热烈地谈论敦煌艺术的伟大，谈论如何使中国绘画能从中汲取养料，使中国人物历史画能够打出一个崭新的局面。

其时，山月已经是著名的岭南画派的杰出画家，他当时在南洋的写生已初露峥嵘的光芒。至于望云，在此以前已与基督将军冯玉祥合作，在《大公报》上发表了不少农村写生的作品，那是第一个以农村为主题的作品，他是一位中国绘画题材的革新家。这与我后来和董希文等画家在敦煌千佛洞临摹壁画的同时，进行人物画写生的尝试是有密切关系的：因为我当时也正在设想使敦煌人物和现代人生活相结合的问题；虽然我在1936年回国，来到敦煌戈壁滩上，但在法国十年间受到现代派绘画的深刻影响残余尚未消除。

我曾在很长一段时期内，将敦煌北魏早期绘画与法国罗奥（Roualt）的野兽派绘画相结合来看待。而且事实上我也怀疑罗奥在1932年作的《对耶稣的嘲弄》这幅画的用笔和构图与敦煌第275窟北凉人画的毗楞竭梨王本生故事画有十分相似的地方。事实上两画的创作时间相差1500年之久。我怀疑敦煌北凉时的壁画毗楞竭梨王在1932年之后被抄袭成《对耶稣的嘲弄》。这也证明了敦煌壁画的威力之大。这个疑问，存在我的心中一直有30余年，最近我在出访日本及西欧时，才证实了罗奥的《对耶稣的嘲弄》确实受到敦煌第275窟北凉壁画毗楞竭梨王本生故事影响的（显然这是伯希和刊于1925年《敦煌石窟图录》画册中带到法国去的）。这说明了敦煌壁画北凉时代磅礴的气势比西欧哥特时期的艺术风味还要雄健的成就传至30年代巴黎现代派绘画中了。

所以，我当时和山月、望云两位老画友在塞外会见倾谈时，都把话题着重在如何从 4 世纪到 14 世纪敦煌艺术演变发展各个阶段的成就中吸取借鉴，为现代中国艺术新创作起到推陈出新的作用，深得山月和望云二位的赞同。他们到了敦煌如入宝山，尤其是山月和其夫人，自己背着板凳、画板、颜料、水壶、灯火，攀登于危岩断壁的石窟间，整日在暗黑的洞窟里，在破楼、残壁、晦暗不定的灯光前秉笔作画，其精神使我们十分感动。我十分赞赏山月画友用水墨大笔着重地在人物刻画方面下功夫，寥寥几笔显示出北魏时期气势磅礴的神韵，表达了千余年敦煌艺术从原始到宋元的精粹，真所谓"艺超十代之衰"，是对敦煌艺术精华的可贵记录。今天我能在山月新画将出版之前，回顾往事，看到山月对敦煌艺术做出的贡献，是十分荣幸的事。

编者注：原载香港《美术家》第36期，1984年。

我与敦煌

> 时间在流逝，莫高窟风
> 铎的叮当声不停地在召唤：
> "叮当！叮当！"

一　早年生活

我出生在 1904 年（光绪三十年）阴历二月廿一日午时。小时候经常听母亲说，这一年是龙年，我这条午时雷雨交加中出生的"龙"，是一个很好的兆头。

我没有看见祖父，听祖母说，祖父是东北黑龙江镶黄旗的蒙古族人，一个（被）派到杭州来驻防而安家落户的小军官。祖产房子在杭州旗下营（后来改为新市场），在西湖边上。我父亲是黑龙江一个八旗工艺厂的录事。我祖母生了 4 个男孩子和 3 个女儿。我父亲排行第一，是长子，二叔很早就死去了，我只知道有一个二婶，三叔、四叔都是残疾人，据说三叔是小时候在学堂中荡秋千时跌坏的，后来双腿全部瘫痪不能起来。四叔也是跌坏的，因骨折致残，后来扶着凳子才勉强能够走路。另外还有 3 个姑母，大姑母出嫁了，二姑母曾进南京金陵女子神学院读过书。我母亲生了 5 个男孩子，我是老二，下边还有 3 个弟弟。二叔也有 4 个孩子。1911 年辛亥革命后，清政府被推翻；取消每月给男丁的官饷，从此，这个 20 多口人的家庭就全靠我父亲每月二三十元（的）工资收入来维持生活了。

我的二姑母是个基督教徒，会英语，她从南京金陵女子神学院毕业后，当了我家附近湖山礼拜堂美国浸礼会名叫福姑娘的女牧师的助手，她一直没有出嫁，想方设法地替家中人张罗工作。瘫痪的三叔很聪明，从小就爱绘画，这时，在二姑母鼓励下，开始用一只手练习绘画，经过一段艰苦磨炼，已能描绘些山水、花鸟和儿童百戏的小画片。以后又由福姑娘来指导，让他画过年过圣诞节时用的有中国风味的彩色贺年片或贺圣诞节、贺复活节等等用的画片，因为这些画是出于这个残疾人的手笔，画技还不错，加上福姑娘的宣传，因而能卖一定数目的钱，用以贴补家用了。此后，三叔还经常叫我们帮他填颜色，摹写画稿。

我的启蒙学校是涌金门内运河下的时敏小学，校长姓章，是个对学生非常严厉的教书先生。

一天早 8 点的时候，母亲带着我去这个学校。我记得当时母亲还给我带了一包香烛，虽然封建王朝打倒了，但当时的小学课堂中央还挂了一个小木龛，里面有一个"天地君亲师"的牌位。入学仪式是：先点燃香和蜡烛，我对牌位行了三鞠躬，再转过来对校长也行了三鞠躬，然后校长指定了我坐的位子，这便是正式入学了。因为在这之前，我已在一个亲戚的私塾中上过学，所以我进学校就插班在初小三年级，一年之后就上了高小。

我在高小毕业后（大约在1918年），父亲强调要我投考工业学校。我在犹豫不决时，忽然听说中学的一个教员要去考留法勤工俭学，那时我才14岁，怀着一种斗争的心情，我悄悄地向他问明报名的种种办法，便背着父母报上了名，但这次因为不会法文没有被录取。不得已，我只好遵照父亲的旨意投考浙江省立甲种工业学校的电机科。虽然被录取了，但因为数学考试成绩不好，第一个学期期中考试时得到了不及格的考分。于是，又改选了染织科，因为在染织科里，有染织图案和染色等科，总算还有一点绘画造型的意趣。

当我转到染织科的时候，碰到一个和我意趣相投的同学，他的名字叫沈西苓，是沈兹九先生的弟弟。他的父亲是浙江规模最大的伟成丝织公司的负责人之一。当时沈兹九先生已在日本帝国美术大学留学，沈西苓也是非常喜欢绘画的，但他父亲为了能让他继承父业，一定要他学染织，这样一来我们俩在染织科成了志同道合的好朋友。我们常常去看染织图案，对好看的各种染色绸布，进行研究、讨论，互相帮助，互相修改，我们从染织图案的纹样造型和色彩联系到西洋画坛上的各种流派；从绸布浸染的色彩变动议论到哥根（即高更）在答伊底（即塔希提岛）土人服装色彩的启发下创造的象征主义（即印象主义）画派。我们还悄悄地参加了由名画家丰子恺、周天初等人组织的西湖画会，这个画会里有不少青年学生和业余美术工作者。我们每逢星期日或假日一同到西子湖畔去写生，各自选择名胜古迹，孤山的红梅与平湖秋月的莲花等等，并把写生作品放在茶馆或饭店陈列展览，互相批评以资改进。我特别爱画人物，从各种画刊杂志中搜集国内外有关泰西（旧时泛指西方国家）名画之类彩色画片，在家临摹，为了减轻日渐衰落的家庭负担，我还抽出时间用木炭画像。

1923 年，我们已学完浙江省立甲种工业学校的课程。按照这个学校的制度，每年要收留各专业成绩优秀的毕业生在学校里做教学工作。在毕业典礼上，我被宣布留在母校，担任染织科纹工场管理和预科的美术教员，沈西苓的父亲也决定让他去日本自费留学。我们在离别前依依不舍，希望能够再共同走上新的学习岗位。由于我家庭困难，尽管西苓和他父亲已同意资助我同去日本，我们还是未能同舟共行。当时，我自己还有一个更高的奢望，认为，学洋画去日本不如到法国巴黎去，我想日后努力争取去法国。

是年秋季，我开始走上母校给我安排的新的工作岗位，先去纹工场报到。这个工场原来的管理员都锦生，就是后来杭州很有名的"都锦生丝织厂"的创办人。

我担任了纹工场管理和美术教员后，工作当然比起在学习时繁忙多了。但是我还是专心致志地要把工场和美术教育工作搞好。开始上美术课时我怕学生不听话，但在我热心的教导后，全班三十几个学生都非常喜欢我，我不但在上课时尽心教他们，连假日都带他们外出写生。学生们十分满意，第一个学期终了时，校长告诉我，他了解我在预科的美术教学受到同学欢迎的情况，所以想把原来周天初教授的美术课也交由我负责。这是校长对我的信任，我表示可以试试看。

在第二个学年以后，我的工作分量增加了，但我对工作很满意。这期间，我还经常收到西苓从日本寄来的信，很令人兴奋。因为西苓说，他到日本后深受日本美术界进步思潮的影响，并开始对政治发生兴趣。他经常寄给我日本刊印的美术画册和美术理论书籍，这一切对我在理论和实践上帮助很大。我们在通信中，有时讨论或辩论有关艺术和政治问题，并涉及厨川白村的名著《出了象牙之塔》，对照名著，我们都感到自己在艺术上知道的和能干的太少了，远没有登堂入室，更谈不到爬上"象牙之塔"了。因此，我们决心把艺术创作的基本技巧学到手，以进入东西洋的艺术大学。西苓到日本后进入东京帝国艺术大学；我也醉心于西欧的美术，立志要到巴黎艺术大学学习。于是我利用业余时间，随身带了一本袖珍法汉字典，把生字一个一个地用红铅笔画出来，揩着法文念汉字，揩着汉字念法文。死记、死默、死背，两年后，我进展很快，达到大致能背诵的程度。另一方面，我在母校的教学工作也受到学生、校长和老师们的称赞，尽管工作很忙碌，我还是利用每一个星期天，背着画箱与青年同学们一道到风景秀丽的西湖边上作即景的写生。记得在 1927 年初春，有一天我和同学们正从自己家里出来，从延龄大马路走向湖边时，忽然迎面来了一队穿灰色军衣、肩背大刀的刽子手押着 3 个五花大绑的青年缓步前进！我那时突然发现其中之一是我们西湖画会失踪了 3 天的成员 m 君，这个遭遇像一股电流一样，使我全身打了一个寒噤。我默默地下定决心，必须尽快地离开这里。离开这个白色恐怖的险恶世界。我这个决定得到母校的支持，在都锦生和同学们的帮助下，我终于实现了去法国的心愿。

二　留学法国

1927 年 7 月，我到了上海，得到一个同学父亲的帮助，得以伙夫助手的名义，用 100 块大洋，搞到一张法国邮船从上海到马赛的统仓船位的证。所谓统仓是不让我们走出底舱到甲板上去，要整日藏在船底，帮助炊事班准备旅客、船员的伙食和茶点等。这里是一个独立的海上王国，有不少清规戒律，我作为华工炊事员带来的小工，同船上大班、船长等之间有很大差别。我们的工作就是洗碗盏、洗蔬菜、削洋芋、杀鱼宰鸡等下手活。最使人难受的，就是从上海到马赛要在下舱底闷一个月的时间，而舱底既没有风，又要经过地中海等海洋，正值 7 月炎暑，那闷热实在令人难受。法国邮船在途经西贡、红海、亚丁、印度洋时，天气炎热加上锅炉的温度，真是闷热得透不过气来！尤其是大邮船在经过印度洋时的大风大浪中，剧烈的颠簸使得不少工人头晕呕吐，一两天吃不下饭，饮不得水。我虽然也感到不舒服，但因为从小喜欢走浪桥浪木，在大风大浪中经过一两天的锻炼，已慢慢地习惯于在摇摆中工作劳动，很快地过完了一个月的航海旅行，到达马赛，改换火车直奔梦寐以求的人间"艺术天堂"巴黎。

那时，我认识一个杭州老乡郎鲁逊，他就是半工半读在巴黎高等美术学校学雕刻的同学。他把我介绍到一个巴黎拉丁区中国饭店（当）半日做工半日学习的临时工，我把全部业余时间用来学习法文和绘画技术。因为拉丁区是艺术中心蒙巴纳斯的所在地，那里有小型展览的画廊和供业余练习速写和绘画的格廊旭米埃画室。这个画室分人体速写素描、油画习作和静物画室，白天、夜里都为业余或专业的美术工作者开放，只要购入门票，就可以进去画画。画室里有白发苍苍的老人，也有中学业余爱好者，入场券有月票或周票，每次用票一张。模特儿的姿势和位置由模特儿自己安排。我就住在科技学校路中国饭店对面的一个小旅馆的最上层阁楼中。房中一张小床，一个小窗户，一进门就要弯腰，只有窗户口可以直立。这是旅馆中最廉价的房间，为了节省开支，这是老乡郎鲁逊为我想方设法租到的。

我到巴黎第二天，热情友好的郎鲁逊认真带领我参观了伟大的卢佛（浮）宫，从文艺复兴古典主义、浪漫主义到现实主义、印象主义……从达·芬奇的《蒙娜丽莎》、达维的《拿破仑加冕》（即大卫的《拿破仑一世加冕大典》）、德拉克洛瓦的《希阿岛的大屠杀》(即《希奥岛的屠杀》)、库尔培的《画室中》(即库尔贝的《画室》),直到马奈的《林中之野餐》(即马奈的油画作品《草地上的午餐》)等伟大的艺术杰作,这样系统的、完整的展览,深深地印在我的脑际中。它使我明白,绘画艺术通过各时代作家的努力,非常深刻地反映了人类和大自然在历史中的思维和创作的作用!而且它们在演变发展中、在追求真善美的创造中取得了伟大的成就!于是我沾沾自喜地感觉到我到法国来的动机是正确的。我要钻研西洋美术史,我要认真学习西洋绘画。

因为参观学习任务很重,实现半工半读非常困难。为谋求专心学习,我参加了里昂中法大学浙籍公费考试,并加强法文学习。同时我将在国内作的素描和油画让巴黎美术学校的老师看,他们认为我素描基础太差,必须在素描上用功补课,并加倍努力学习法文。

时当(20世纪)20年代后期,第一次世界大战的创伤还没有很好地弥补,欧洲已逐渐从痛苦的回忆中苏醒过来,只有远在太平洋彼岸的美国富有的画商成为这个艺术之都最受欢迎的贵客,成为这一时期世界艺术家集中的蒙巴纳斯和蒙玛得(即蒙马特)的动力,加上巴黎大大小小各式各样的博物馆、美术馆、各种流派作品的沙龙……这一切形成了名副其实的世界艺术中心!当时,对于我这个盲目崇拜西洋艺术的中国人来说,每天沉沦在西洋古代、现代"五花八门"的形式主义艺术流派的海洋中,感到眼花缭乱,无所适从!

但是受如饥似渴的求知欲的驱使，想到这样远涉重洋来到异乡的不易；想到艺术的学习不是朝夕用功可以解决的，我决心必须认真地长期地攻读下去，但家庭的困难和母校补助又都不允许我专门学习，正在踌躇中，恰巧这时候得到我家乡来的信说，浙江省正要考选留学法国里昂中法大学的公费生，我因为已在法国，由浙江大学工学院给我名额，让我在法国里昂准备考试。1900 年帝国主义侵略中国时，除杀人抢劫放火之外，还无理地要我国赔款 4.5 亿两白银。后来经过交涉用该款以"帮助"我们办文化教育为名，双方联合成立庚子赔款基金委员会，分配使用。中法大学就是利用庚子赔款在法国里昂建办的中国留学生大学，设在法国里昂圣伊内山法国兵营地方，校长名义上由中国人担任，实权掌握在里昂大学校长手上，他任庚款管理委员会主任。当时国内军阀当权，为了安插私人，严密控制里昂中法大学留学生名额，1923 年陈毅、李富春等一批留法学生曾要求享受公费待遇，他们严词责问驻法公使陈箓，并围困里昂中法大学，此事在国内也引起广泛的反响，国民党当局被迫改变选送办法，自 1927 年起由各省选派。

适逢其时，由于浙江大学据理要求，我得以参加考试并被录取，根据我选择的专业被分配在里昂国立美术专科学校学习绘画及染织画案两项，我因为没有国内专业美术学校的学历证书，所以不能投考插班，不得不从一年级开始。当时我已 23 岁，但投考这个学校的法国人，年龄没有超过 16 岁的，他们都是穿着短裤的小学生，我在他们中间学习的确很不好意思，但作为基础课，我情愿忍受着难堪，和他们一道从石膏素描开始学起。在学习中，真是如鱼得水似的，我的成绩很快赶上了二年级的学生。第二年，老师们让我跳班参加三年级的人体素描考试，结果也不错，那时候由中央大学艺术系转学来的吕斯百、王临乙两位同学已升入分专业的三年级油画、雕塑班了，吕、王两同学都以出色的成绩震动里昂美专，我也不甘落后，很快地在人体素描方面也名列前茅，1930年我参加了全校以"木工"为题的素描康德考试，获得第一名（并拿到）奖金而提前升入油画班。

油画班的主任教授是窦古特先生。他原来是专门制作教堂彩色玻璃画的老画家，忠实地接受并且维护了达维以来的画院教学传统。当我第一次进入他的画室时，他冷冰冰地对我说："对于你我不否认曾画了许多不坏的素描，这是好的，但到我的画室来，你不要再背上'素描'的包袱，因为在某种意义上说，到我这里来必须重新搞一个用色浆来涂抹的油画。"用色彩和光暗的块和面织成的造型的总体，它既有色彩的运用，也有光暗远近的总体塑造。自古代大画师从意大利文艺复兴时的达·芬奇、米克朗琪（米开朗琪罗）、拉飞耳（拉斐尔）、丹多来都、蒂香（提香），德意志的霍尔本，弗拉蒙（佛兰德斯）的吕本斯，荷兰的伦勃浪（伦勃朗），法国的达维（大卫）、恩格尔（安格尔）、德拉克洛瓦、库尔培（库尔贝）、塞尚、马奈、莫纳（莫奈）、雷诺阿、西斯楼（西斯莱）、马帝斯（马蒂斯），一直到西班牙的毕加索，历代无数大画师虽然存在着刻画谨严的生动的形象，但画面给我们的印象是存在于大自然的一个完整的构图，隽永的纪念碑。

窦教授在我们开始画油画之前，再三叮咛要我们先研究了解油画颜色的制作方法和各种油色的相生相克、调和与配合。他不让我们购置放在锡管中的现成的油色，要我们自己研究颜色本身的植物或矿物原料的化学成分，研制、调进油类和甘油的成分和剂量等。要我们到一家绘画原料公司购置油色的粉状原料，然后进行试验和制造。要学习过去大画家的用色习惯，调色的配合方法等，这段时间需要两周左右，然后（开始）画布的制作，笔的选择及出外写生等必要的工具的制备，比如画箱、画凳等。到了这一切都具备了之后，就开始绘画。

第一天油画课是从一个老模特儿开始的。意外的事情是窦教授向新生宣布，只能用黑白两种油画颜色，一个星期内完成这幅肖像画。这对我来说是一次意外的考试。用黑白两色画油画肖像，仿佛要一个长跑选手练开步走一样，因为在此之前，我已用油画画过不少人像、静物和风景画。但这幅两色油画创作过程使我了解到作为一个初学油画的人应该如何从木炭素描人像晋升到油画人像的笔触的形体表现，这是十分重要的，而这种学习在国内是没有的。第二个星期习作的课题，是（用）土红、黑、白三色描画人体的练习。这幅三色人体油画练习继续了两星期，这个练习使我对于土红在黑白二色之间所起的作用有了非常深刻的体会。第三次是使用全色油画绘制一幅色彩非常鲜艳的花果静物的写生。这种循序渐进的教学方法，加上解剖学、西洋美术史，配合在美术馆参观和幻灯教学（因为里昂美术馆就在里昂美术学校里，所以结合参观进行是非常合适的），比之我在蒙巴纳斯随便参加自由画室的学习，真是有天壤之别。

我在巴黎时，冼星海曾来信劝我去里昂学习，我深深地感到这个建议是十分重要的。为了加强学习，我每天中午带了面包和简单的冷菜，在美术馆里边参观边吃。下午，还去美术和染织图案系选课学习，这个系除绘制染织图案外，还重点地设计应用于客厅、餐厅、寝室以及火车站、旅馆、剧场的各式壁纸。我夜间还在里昂市立业余丝织学校学习，真是到了废寝忘食、如醉如迷的程度。很快地过了两年，在业务上是有长足的进展的。这时在同校学习的吕斯百、王临乙他们已转到巴黎去了。沈西苓也在日本学习完毕，回到上海从事电影导演方面活动，他告诉我，他认为绘画的局限性比较大，目前应该用戏剧和电影的综合艺术来唤醒醉生梦死的社会。同时里昂美专的教授，也鼓励我画几幅创作，参加里昂美术协会的沙龙展出。

1931年秋，法国报纸刊载了"九一八"事变消息，日本军国主义侵略者的铁蹄蹂躏了东北整片辽阔肥沃的土地，接着又向关内步步进逼，中华民族和国家的命运已处于生死存亡的关头。我们在国外的中国人莫不忧心如焚，都决心回国投身于迫在眉睫的抗战救亡工作。窦古特教授同情我当时的情绪，他安慰我说："当然日本人的侵略是不能容忍的，但你们是一个有4亿人民的大国，连年军阀横行，各自为政；当今救亡工作主要在于唤起人民一致抗日。你作为一个画家，应该用你在绘画上的才能，搞一点反映现实爱国的思想意识，这正是你们英雄用武的时候呀！"老师对我的启发，使我鼓起勇气，画了一幅《乡愁曲》（又名《怀乡曲》）的油画。这是我第一次进行人像创作，一个穿中国服装的坐着的少妇，面带愁容正在吹奏竹笛。这也是我进入油画班第二年的一幅油画。老师认为这是一幅有中国风格的绘画，他鼓励我用这幅画参加里昂沙龙，为此我获得优秀画奖状。

1932 年夏，我以油画系第一名毕业于里昂国立美术学校。同年参加里昂全市油画家赴巴黎深造公费奖金选拔考试，以《梳妆》油画获得第一名中选。这个奖金由里昂已故名画家捐赠基金委员会主持，每年进行全市选拔考试，得奖者享受公费选派赴巴黎深造，我以一个中国人也是中法大学学生的身份得到这个（笔）奖金，所以还是按照公费奖金待遇赴巴黎深造，我选择巴黎高等美术学校法国著名新古典主义画师劳郎斯画室学习。劳郎斯三世以严谨的画风闻名法国画坛 200 余年，他们都以画历史人物画为独步，劳郎斯善画肖像人物，又精画静物，以简练精到的新古典主义著称。他看了我在里昂的素描与油画，表示已初具绘画基础，但真正的油画必须要从现在开始努力学习。巴黎是我 4 年前离开了以后第二次来到，旧地重游，这个古老城市的一切都没有很大的变化，但对我来说，这次有从国内来的妻子和孩子，已不像那时的孤独了。尤其难得的在巴黎又和吕斯百、王临乙、曾竹韶、唐一禾、秦宣夫、陈士文、刘开渠、王子云、余炳烈、程鸿寿等一些老同学和朋友见面。他们都是建筑、雕塑、绘画各专业的名手，吕斯百和王临乙是在里昂毕业后先我们来到巴黎的。同学们热情地帮助我们建立工作室和住宅，为了我们今后共同学习和生活，我们选择了巴黎第 16

区巴丁南路一个画家住宅区住下来了。因为我已成了家，所以以我家为中心，每当工作和学习之余，每一个周末或过年过节就成为聚会聚餐的地方。后来我搬到塔格尔路，我们于1934年成立留法艺术家学会，徐悲鸿夫妇来巴黎举办"中国绘画展览"时，也到我们这里来过。这位老一代的艺术教育家和画家，对我们在巴黎学习也作了宝贵的指教。

他还参观了那时我在巴黎举办的个人画展，他对我画的《病妇》《裸女》以及油画静物《葡萄》给以表扬。后来这幅《葡萄》被法国人评为耐人寻味的具有老子哲理的佳作。这幅画由法国教育部次长于依斯曼亲自选定收归国有。《沙娜画像》油画由现代美术馆馆长窦沙罗阿亲自来我个人画展会场代表法国国家购去，收藏在巴黎近代美术馆（现藏蓬皮杜艺术文化中心）。1934年在里昂春季沙龙展出的《裸妇》是1934年巴黎高等美术学校劳郎斯画室中得第一名的作品，得到美术家学会的金质奖章，也已由法国国家收购，现藏里昂国立美术馆。

1933年至1935年，我跟巴黎高等美术学校教授劳郎斯学习期间，受到他的教导很多，但他不幸于1935年病逝。我参加劳郎斯葬礼时，劳郎斯夫人含泪对我说："教授在世时经常对我说，'常'是他所有学生中最听话、最用功、最有成就的一个！希望你继续努力，不要辜负教授对你的希望！"当时，我在法国度过了近九年的光阴，在这一草一木和时序季节中，尤其是在紧张的学习阶段，多少个日日夜夜，多少个带着面包点心在美术馆边参观边吃食地过着中午休息的时间中，我站在里昂画家卑维司脱巨幅《林中仙人们》的杰作前面，徘徊又徘徊地享受这个里昂伟大艺术家的性格和地方色彩，如 19 世纪法国文学家都德的《小物件》（今译《小东西》）那样，我站在德拉克洛瓦的《希阿岛的大屠杀》前面，伟大创作给了我深刻的启示和感受。而我们的艺术工作者，"只是忙于开个人展览，个人称誉。所以中国新艺术运动始终是没有中心思想、中心动力（的），像一艘没有（轴）心的游轮，空对空，动而无功！"

三 艺术上的彷徨

对于中国新艺术运动存在着的种种问题，在我到法国之前后和沈西苓、冼星海、王以仁等同志，有过一段时间的争论和商讨。十余年的时间很快地过去了，我们各自走过的道路很不相同。当沈西苓从日本回来之后，放弃了绘画，在上海编导《十字街头》的电影，冼星海回国后创作了《黄河大合唱》的时候，王以仁以突然失踪告终……这正是他们对文艺工作实践的结果。而我十余年来，经过刻苦学习，还踯躅在巴黎蒙巴纳斯街头，正如徐悲鸿先生在 5 年后为我重庆个人画展序文中所指出："在留学国目睹艺事之兴替"，也正如一本由当代法国艺术评论家尚皮农（尚彼隆）针对欧洲画坛写的《今日艺坛的惶惑》的论文集里，从五花八门的艺术倾向，直截了当地提出反映资本主义世界所面临的一些几乎要崩溃的危殆的现象。欧洲艺术由于资本家和画商的直接操纵，已使巴黎画坛在 20 世纪的 30 年代中，从立方主义经过超现实主义到完全胡闹的"涂鸦主义"，反映了资本主义经济基础和文化的崩溃，他们否定了造型规律，使艺术成为可以用符号代替的唯心主义抽象的东西。

我一方面既厌恶文学艺术上想入非非形式主义的没落与颓废的现象，另一方面对于学院派一些陈陈相因趑趄不前的绘画理论与实践也感到失望。我的老师劳郎斯对我的教导使我在创作实践中得到一点进步，但所谓"新现实主义"不过是老现实主义的较为简练的改良而已！巴黎这个笼罩着美的神秘的面纱的大都市，曾经是，现在还是我历尽艰险争取得来的人类文明的中心，世界艺术的高峰，为什么如今在意识形态上贫乏到这种地步！

在近代法国绘画史上，曾经出现过一些不满欧洲死气沉沉的资本主义现实的画家，他们为了追求真理，要求离开自己繁华的巴黎，去非洲、亚洲、拉丁美洲、印度、东南亚另一个世界汲取养料，从事创作。其中最突出的是象征派的先驱者哥根离开巴黎蒙马特到答伊底去从事创作的事迹。哥根因为不满于绘画上形形色色的见解，在 1881 年的一天晚上，将所有的亲戚朋友邀集在巴黎一家咖啡店中，发表了一篇向巴黎人告别的戏剧性的演说之后，次日就束装去答伊底，在那里安家落户终身从事艺术的探索。今天设身处地，从我自己这几年来在巴黎的亲身感受，以及对于艺术创作上存在的一系列问题得不到解决的苦闷，几乎使我转向完全同情的看法，甚至于我也设想着，有一天，很快有一天，我也要向巴黎告别。

但是另一方面，确实也有留恋不舍的矛盾心理。回忆我 10 年来在法国学习体会的经验，对于法国政府组织、保护、陈列得那么井井有条、内容丰富的现代博物馆、美术馆，必须要进行一番认真的巡礼，细致地参观、欣赏，学习那些我一直熟悉和喜爱的中世纪文艺复兴及以后 18（世纪）、19 世纪前后一直到近代艺术杰作，尤其是包罗万象的卢佛宫，那里珍藏着从希腊的《胜利之神》到意大利文艺复兴盛世的《蒙娜丽莎》等驰名世界的杰作，使我毕生难忘；而那些代表法兰西大画家达维的《拿破仑加冕》和 19世纪安格尔的《土耳其浴室》，德拉克洛瓦的《希阿岛的屠杀》，马奈的《林中之野餐》和以黑人做背景的《裸卧女》，从莫奈的《睡莲》直到德加的《舞女》，米勒的《晚祷》等已经成为世界名画的杰作；这些都是人世间不朽的创造，深深刻印在我的心目中，给我以永远难忘的印象。

但是，我最喜爱的还是法国浪漫派巨子德拉克洛瓦，他那描写 19 世纪 50 年代战争时期，殖民主义者对无辜的非洲人残杀的暴行的作品，是一幅曾经无数次当我去卢佛宫巡礼参观时使我感情激动的伟大杰作，它在我心灵深处铭刻下不可磨灭的印象。在这幅杰出作品中，画家成功地刻画了一个怀中还抱着乳奶小孩的中年妇女，在她被一个骑马的殖民主义者强盗用马刀砍得半死的胸前，婴孩正在吮着母乳的惨不忍睹的瞬间，表现出惊人技巧。回忆我在 1931 年因为日本军国主义对我国的侵略，作为当时正在异乡（的）留学生即兴作了一幅一个穿中国服装的少妇坐在中国式的家园中在吹奏横笛的《乡愁曲》油画，对比之下，实在太不够了。

我提到这一段，主要说明法国艺术对我创作上的鼓舞与促进。的确最后一次在这座庄严伟大的卢佛宫古代艺术历史博物馆的几天连续的参观巡礼，对我的教育是很大的。我对希腊、罗马、埃及、印度、波斯古代的文物和艺术名作都作了比较，它们各自具备着强烈的民族风格和地方特色，每一件艺术作品无论从主题内容或艺术表现手法，都显示了鲜明独特的艺术才华和各自的特点，如希腊艺术的优美，罗马艺术的朴实，埃及艺术的庄严，波斯艺术的金碧辉煌……给我以世界美术史系统的、感性的认识，在我记忆中留下了永不磨灭的印象。

四　与敦煌的邂逅

一天从卢佛宫出来，经过卢森堡公园，根据我多年在巴黎散步的习惯，总要经过圣杰曼大道，顺便遛到塞纳河畔旧书摊去浏览一下内容丰富的书籍。那天为了留一点参观卢佛宫的古代美术杰作的纪念，我特意去美术图片部找寻……忽然发现了一部由六本小册子装订的《敦煌石窟图录》，我打开了合装的书壳，看到里面是甘肃敦煌千佛洞壁画和塑像（的）黑白摄影图片300余幅，那是我陌生的东西。目录、序言说明这些图片是1908年伯希和从中国甘肃敦煌石室中拍摄来的，这是从 4 世纪到 14 世纪前后 1000 年中的创作。这些壁画和雕塑虽然没有颜色，但可以看到大幅大幅佛教画的构图，尤其是 5 世纪北魏早期壁画，它们遒劲有力的笔触，气魄雄伟的构图像西方拜占庭基督教绘画那样，刻画出的人物生动而有力，其笔触的奔放甚至于比现代野兽派的画还要粗野。但这是距今 1500 年的古画，这使我十分惊异，令人不能相信。我爱不释手地翻着、看着那二三百幅壁画的照片及各种藏文和蒙文的题识，这是多么新奇的发现呀！半个钟点，一个钟点过去了，这时巴黎晚秋傍晚的夜色已徐徐降临，塞纳河畔黄昏的烟雾也慢慢浓起来了，是收拾旧书摊的时候了！书摊的主人看我手不释卷的样子，便问我："是不是想买这部书？"我说："我是中国人，这本书就是一本介绍中国敦煌石窟古代壁画和塑像的照相图册。我很想买它，但不知要多少钱？"他回答说："要一百个法郎。"那时我身边没有这许多钱，正在犹豫着，卖书的看我舍不得离开的样子，就说："这许多敦煌资料都存在离此地不远的奇美博物馆，你不必买它了，还是亲自去看看再说吧！"

　　第二天一大早，我跑到奇美博物馆，那里展览着伯希和于 1908 年从敦煌盗来的大量唐代大幅绢画，有一幅是 7 世纪敦煌佛教信徒捐献给敦煌寺院的《父母恩重经》，时代早于文艺复兴意大利佛罗棱斯（即佛罗伦萨）画派先驱者乔多（即乔托）700 年，早于油画的创始者文艺复兴佛拉蒙学派（编者注：应为尼德兰画派）的大师梵爱克（凡·艾克）800 年，早于长期侨居于意大利的法国学院派祖师波生（即普桑）1000 年。这一事实使我看到，拿远古的西洋文艺发展的早期历史与我们敦煌石窟艺术相比较，无论在时代上或在艺术表现技法上，敦煌艺术更显出隽永先进的技术水平，这对于当时的我来说真是不可思议的奇迹！因为我是一个倾倒在西洋文化之下，而且曾非常有自豪感地以蒙巴纳斯的画家自居，言必称希腊罗马的人。现在面对祖国的如此悠久灿烂的文化历史，真是惭愧之极，不知如何忏悔才是！

从上面两幅壁画的比较，我吃惊地发现东西方文化艺术的发展有如此不同的差距，证实了我国光辉灿烂的过去；我默默思忖着：我这样对待祖国遗产的虚无主义的态度，实在是数典忘祖，自顾形惭。回忆在艰苦困难中漂洋过海来到这个世界艺术中心的巴黎，差不多 10 年来沉浸在希腊罗马美术历史理论与实践的教养中，竟成长发展到如此的地步。在这一事实前面，我对巴黎艺坛的现状深感不满，决心离开巴黎，而等待着我离开巴黎行止的显然不是答伊底，而是蕴藏着千百年前敦煌民族艺术的宝库。

就在我打算离开巴黎之时，接到南京国民党教育部部长王世杰打来电报，聘请我为北平艺术专科学校教授，并要我从速返国任职。

我离开祖国已经 10 年了，现在她正惨遭日本军国主义的蹂躏，我怎能不忧心如焚啊！我反复地对自己说："祖国啊，在苦难中拥有稀世之珍的敦煌石窟艺术的祖国啊！我要为你献出我的一切！"

1936年的一个秋雨蒙蒙的日子，我搭上了从巴黎开往北平的国际列车。

　　我是抱着"艺术高于一切""为艺术而艺术"的观念到巴黎的，我在巴黎期间，曾经碰到过国民党人，也碰到过共产党人，我都拒绝入党。这一次我从巴黎回国，途经德国、波兰、苏联，历程十五六天。旅途的见闻和亲身的经历，使我那种"艺术高于一切""为艺术而艺术"的观念受到强烈的震动。

　　列车经过德国柏林的时候，我去看望一位德国的老太太。她本人是钢琴家，有个女儿是学画画的，那时正想把女儿嫁给一位中国的画家。老太太老早就写信叫我到德国柏林去看望她，这一次见了面，她非常高兴。她带我参观了柏林的街道，还带我参观了柏林的博物馆。在博物馆里，我第一次看到新疆吐鲁番的壁画，我的心又为之一震。我国的稀世之珍不仅被法国的盗徒窃去了，而且也被德国的盗徒掠夺走了。

　　我在巴黎看到敦煌的壁画，在柏林又看到吐鲁番的壁画，我从心底里感到，祖国艺术无疑在世界艺术史中拥有崇高的地位。我决心回国后一定要很好地汲取祖国古典艺术的精华，并且发扬光大，使它放射出更加绚丽夺目的光辉！

五　去敦煌前的经历

经过十五六天的旅行，我终于来到了北平。我的同行们在车站欢迎我。我已记不清当时他们欢迎我的热情话语，但还清楚地记得当时耳畔响着的车轮轰隆声。

我到了北平，所见所闻叫我大失所望。这个古老的故都，到处都是傲慢的日本人。在故宫、景山公园等游览胜地，经常可以看到日本人在嬉闹，听到他们的挑逗声。收音机和播音器里传播着各种不堪入耳的小调。我厌倦了！我对同行们说："我要去敦煌。"同行们说："现在不能去。西北政局不稳定，乱得很呐。而且敦煌地处戈壁大沙漠，那里是满目黄沙，旅途也不方便。"他们欢迎我到北平艺术专科学校任教，当西画系主任、教授。我想，也好，干一段再看看吧。回到祖国没画卖了，我要是不工作，连饭也吃不上，还怎么能去敦煌呢？

我在北平艺专教一段书后，大约在 1936 年年底，国民党教育部次长张道藩通知我参加次年在南京举行的美展。并且让我担任北平方面的筹委会委员，做一些筹备工作。我把我的画和一些学生的画都寄去了。不久，张道藩就打电报叫我到南京参加美展筹备工作。

为什么张道藩看上了我呢？开始，我不大清楚。我当时只知道他的老婆是法国人，他同我一样过去也学美术，所以看中了我。

后来,我才发现,他是想利用我,让我替他在画界拉一个帮派。那时,我国美术界有三派,那就是南京徐悲鸿,上海刘海粟,杭州林风眠。三派都有一定的力量。据说张道藩他自己也画过画,其实我从来没有见过他的画。他想独树一帜成立一个帮派,但没有人肯跟他,于是他就想利用我有一点小名声拉出一派人马来为他工作。我这个人不会那一套,我同三派画家都联系得很好,根本就不存在另立帮派的念头。

看画展的除了工农商学兵外,还有不少外国人。有一个德国大使,当场买了我的两张静物画。他还叫我到大使馆去,为他和他的夫人画两幅肖像。这次画展之后,我回到了阔别多年的家乡杭州。当时,我的父母都已去世,我特地回去扫墓,然后,我又回到北平艺专教书。

1937年7月7日卢沟桥事变那天,我照例和几个学生去北海公园画画,忽然听见了炮声。有人说,日本人向我们开火了。我赶忙收拾起画具往家里走。卢沟桥事变以后,几个画界的熟人碰在一起议论,大家都说,现在时局太乱,北平大概待不住了,还是往南走吧。恰巧那时我的妻子和女儿要从法国回上海,我便到上海去迎接她们。接着,我又带她们回到浙江老家扫墓。路过南京时,我特地去找德国大使。因为上一次,我给他和他的夫人画了两幅肖像,他还没有交钱。这个德国大使一见到我,就问:"你准备到哪里去?"我说:"带家眷到杭州老家去。"他又问我对中日打仗的看法。我说:"不知道。恐怕打不长吧。"他不太赞成我的看法，说："可能要打长时间的仗呢！"他看到我随身带着一卷画，便对我说："你这样带着它们方便不方便？你要是放心的话，这些画可搁在这里，我替你保存。"我当时就把画交给他了。从此我这些画就像泥牛入海，再也没有消息了。直到新中国成立之后，1951年举行敦煌壁画展览，有许多外国使馆的官员来参观。当时外交部要我用法文替他们解说。在场的瑞典公使问我说："法国最近出版了一本叫《沿着玄奘的足迹》的书，你看不看？"我表示愿意看，他答应回去之后给我寄来。

在给我寄书的过程中，瑞典使馆的一个姓王的中文秘书看到我的名字，好像发现什么似的，他对公使说，常书鸿在1937年有一些画存在德国大使馆，日本人占据北京后我给留下来了，我愿意还给本人。于是他们给我写了一封信，叫我们一家去吃饭。我把这个情况请示了郑振铎局长，他同意我去，到了瑞典使馆，我才看到十几年前留给德国大使保存的画，我非常激动。我对公使和秘书说："你们看那（哪）几张好，可以留几张作个纪念。"他们不愿意要，他们说："画是画家的生命，我们不能要。"解放后，这些画才回到了我的手中。这是我生活中的一个非常值得纪念的小小的插曲。我至今还感激这位不知名的瑞典大使！因为他还我画的时候说："我生平做过两件最爽心的事：第一件是在第一次世界大战时，我给一个孤儿找到他亲生母亲，第二件就是能找到你失而复得的作品！因为这两件事都是通过我而成人之美！这是一生中最快乐的举动！"真的，他这种助人为乐的行动感动了我，使我怀念他。

随着日本侵略军的进攻和国民党军队的节节后退，北平艺专向后方迁移，在江西庐山牯岭办学。我把妻女安顿在上海以后，只身赶往江西南昌，开始长达两年的逃难生活。

不久，我们在牯岭也待不住了。大家商量到湖南沅陵去办学。在那里北平艺专与后到的杭州艺专合并，组成"国立艺专"。

南北两所艺专一合并，就是多事之秋。杭州艺专的人马多，北平艺专的画具多，两家合并在一起，合不来，经常吵架。当时国立艺专的校务委员会，除去两校的校长以外，还把我也拉了进去。因为我是杭州人，又在北平艺专工作，所以他们想叫我做缓冲。我在校务委员会里很为难，两边吵架的时候，谁都拉我，左右为难，人家说我是"骑墙派"。我是吃力不讨好，北平艺专的人说我是"内奸"，杭州艺专的人说我是北平艺专的"代理人"。国立艺专在沅陵办学七八个月中，吵闹的事情接连不断。

日本侵略军步步紧逼，南京沦陷，长沙大火之后，我们感到在沅陵办学也不安全。1938 年冬，我带领学生，长途跋涉，历尽千辛万苦，途经贵阳转到了昆明办学。

1939 年冬天，艺专又从昆明迁往四川重庆。这个被国民党定为"陪都"的山城，权贵如云，白天虽然频遭敌机的轰炸，晚上仍然通宵达旦地过着灯红酒绿的无耻生活。目睹这个情况，不由得使我忆起宋人林升一首有名的《题临安邸》的诗来："山外青山楼外楼，西湖歌舞几时休？暖风熏得游人醉，直把杭州作汴州。"

这时，国立艺专的校长是陈立夫老婆的老师。他的中国画画得还不错，但是脾气很坏。他说："我去做校长，不能请常书鸿当教师。"我没有办法，只好离开国立艺专。那么，往后的生活咋办呢？我整天去找张道藩吵闹。他没有办法，就叫我在教育部所属的美术教育委员会里当委员，并且给他当秘书。他把印章也交给了我。这是一个闲差事，有时间我就和几个朋友从事油画创作。这是我回国后比较安定的一段生活，得以从事一两年油画实践。我很喜欢嘉陵江边那种熙熙攘攘、杂乱无章的市容，有时在码头上散步，看江水翻滚着愤怒的波浪，咆哮着向东流去。重庆山城的江岸很高，码头工人沿着"天梯"般的石阶，肩负着沉重的货物；轿夫们抬着大腹便便的财主，他们嘴里哼着号子，遍身淌着油汗，踏着艰难的缓慢的脚步，一步一步地登上走不完的石阶。

这不由得使我联想到那个在祖国西北角的敦煌，那个使我万里迢迢地从国外投奔祖国的敦煌石窟。转眼间4年已经过去了，敦煌还是远在天边，在黄沙蔽天的漠北可望而不可即。要登上石窟所在的鸣沙山，我的面前还横亘着一条多么漫长的难以攀登的嶙峋险阻的山路啊！

因为我不肯按照张道藩的意思办事，不久，张就同我发生了冲突。有一天晚上，张道藩问我："你用我的图章都干了些什么？"我说："领薪金。"他说，他的图章很重要，不能乱用。以后用他的图章，要有记录，要向他汇报。我不高兴地说："我是画画的人，干不了秘书这一行。"他说："我相信你，才叫你用我的图章。你要体谅我的处境。"他又逼着我加入国民党，我很气愤地说："我不干了！"我从抽屉里取出他的图章来，交还给他。这时，他也生气了，把脸憋得通红。他说："你怎么能这么办呢？"我说："我不是当秘书的材料。"我硬把印章退给了他。他没有办法，只好把印章收走。从此以后，我和张道藩就疏远了。他对我也冷淡了。我后来搞画展，他再也不支持我，反而想方设法冷落我。

一天，我去看望徐悲鸿，他正在忙碌地作画，画稿挂满了墙壁，我很想要一张。他说："你还没有我的画吗？好，你自己挑一张，我送给你。但是，我不能要你的钱。你也送我一张画就行了。"

他说这话是有背景的。有一回齐白石要徐悲鸿的画，徐画好后给送去了。齐白石收了画以后，让徐悲鸿再等一会儿。接着，齐白石进了屋里，用红纸包了30块大洋给徐悲鸿，徐悲鸿硬是不收，齐白石说："我的画都是按寸卖的！我怎么能白要你的画呢？"这件事，徐悲鸿记忆犹新。因此，他送画给我的时候，特地打了招呼，不让我交钱。

我从徐悲鸿那儿取走一幅画以后，也送了一张油画给他留作纪念。徐悲鸿画得好，为人也好，我一直很敬重他。他送给我的那张画，我请人仔细地裱糊以后，一直保藏了几十年。到"文化大革命"的时候，这幅画同我一样横遭厄运。它被抄走了，至今仍下落不明。

在重庆生活的一两年间，我作了一些画，准备开个画展。以往，我开画展都找张道藩给写序言。这一回，我请徐悲鸿作序，徐悲鸿欣然答应了。画展开幕的时候张道藩也来了。他一看到我请徐悲鸿写的序言，很不高兴。他问我："这一次，你怎么叫徐悲鸿给你作序呢？"我说："我考虑到你很忙，怕挤不出时间来，所以没有请你写。"他听了我的解释以后，就不再吭声了。但我知道他心里非常生我的气，这个人什么事都能做出来，我决心争取早日到敦煌去，脱离这个尔虞我诈的是非之地。

六　到敦煌去

1942 年，围绕过去河南洛阳龙门浮雕被奸商盗卖的事件，重庆进步的文化界人士正在议论如何继承民族文化遗产和文物保护问题。这块巨大完美的石刻浮雕——《帝后礼佛图》，被人劈成无数碎片，然后分别包装偷运出国。与此相关，人们就敦煌石窟历次的被大肆劫掠和破坏，也对国民党政府提出了批评和建议。为了应付舆论，装饰门面，重庆政府被迫指令教育部筹备成立所谓的"国立敦煌艺术研究所"。

谁来负责研究所的工作？在国民党政府里的官僚们只会做官当老爷，决不肯离开安乐窝，决不肯西出阳关去担当这份喝西北风的无名无利的苦差使。再说，他们中也的确没有"懂行"的人，就只好托人在文化界朋友中物色。

第一次同我提起敦煌之行的是已故著名建筑学家梁思成教授。1942年秋季的一天，梁思成找到我，问我愿不愿意担任拟议中的敦煌艺术研究所的工作。"到敦煌去"，正是我多年梦寐以求的愿望，于是我略加思索之后毅然承担了这一工作。他笑了笑对我说："我知道你是不会放过这个机会的，如果我身体好，我也会去呢！祝你有志者事竟成！"

第二个同我谈起去敦煌艺术研究所工作的人，是我在法国留学时认识的一个熟人，他叫陈凌云，1935年他到法国考察法国战后救济事业，来巴黎找我做他的翻译，因为那时中国大使馆抽不出人来，我陪他参观并为他翻译了不少有关资料，他说回国发表时用他和我两人名义，后来他回国出版只署上他个人名字。1942年在重庆，有一天我去裱画，恰巧碰上了姓陈的。见面时我没有理睬他，但他对我说以后要来看望我。他现在是监察院参事。

事隔两个月之后，他真的来找我了。他说："你不要生气了。这次找你，我有正经的事情。于右任建议教育部准备成立敦煌艺术研究所，想让你去当筹委会副主任。筹委会主任由陕甘宁检察使高一涵担任。你要是愿意的话，我可以回去报告。"接着，他还向我赔礼道歉一番，表示他是真心实意地邀请我去敦煌的。我就接受了这一邀请。

在当时的环境和条件下，要到敦煌去，说起来容易，做起来却难上难，它肯定不是《天方夜谭》中一个充满浪漫色彩的故事，在中国悠久的历史上有过不少出使"西域"的人物，汉代的张骞和唐代的玄奘便是著名的两个。他们一步一个脚印，长途跋涉在荒无人烟的戈壁沙海中，经受了各种难以名状的人间和自然界的折磨和考验，以自己的忠贞和毅力，创建了千古传颂的业绩。我当然是不能和他们相比的。我只有一个小小的心愿，就是为保护和研究举世罕见的敦煌石窟这个民族艺术宝库，一辈子在那里干下去。

承担筹委会副主任这一艰巨的任务，靠我一个人当然是不行的，必须组成一个工作班子。由于工作的需要，我必须有几位专长历史考古和摄影临摹工作的合作者。当我把这个要求向主管部门的教育部负责人提出的时候，想不到他冷冷地对我说："我不能给你找到这些人。看来你只有在志同道合的朋友中去物色，或者到当地（甘肃兰州）去解决。"

我的第一个步骤是在重庆物色我的合作者。结果，我又碰到一个骗子和一个自私的文人。有一个是当时中央通讯社的摄影主任，他对我说他同头头搞不好关系，正在闹别扭。他愿意跟我去敦煌，并保证三年之内把敦煌壁画摄影反映出来。我问他要买什么东西。他说："不用买。现在就是有钱也买不到摄影器材。我在通讯社工作，可以借出一套器材来。"他说得天花乱坠，骗取了我的信任。还有一个四川大学的教授，是搞美术史的。他也要去。

这个人自私自利到了极点,这里就不详述了。总之,这两个人跟我一起去敦煌,不仅帮不上我的忙,反倒成了累赘。

我本来认为,我的妻子是会支持我的,因为她是从事雕塑艺术的,西北大沙漠中的艺术宝藏的发掘,会赢得她的赏识和赞许,可惜事实并非如此。她不愿意离开重庆,怎么办呢?我决心单身去打头阵,让她暂且留在重庆照看我们两个年幼的儿女。

妻子的行为使我失望和苦恼,赴敦煌的经费却使我很伤脑筋。教育部对我们除了发给一笔非常有限的经费之外,再也没有任何其他实质性的支持和帮助。这一切困难都动摇不了我去敦煌的决心。

我从1936年离开法国回来,经过6年多的颠沛流离生活,现在去敦煌的愿望终于变成了现实,内心充满了喜悦。

到敦煌去虽然一开始就遭到种种冷遇和阻力,但我立志去敦煌的决心丝毫未变。我决定开画展,卖家具,典当行李,发誓做破釜沉舟的打算。当时,徐悲鸿先生对我的决心给予热情的支持和鼓励。他对我说:"我们从事艺术工作的人,要学习玄奘苦行的精神,要抱'不入虎穴,焉得虎子'的决心,把敦煌民族艺术宝库的保护、整理、研究工作做到底。"并送我一幅《五鸡图》的画作为敦煌之行的纪念。

离开重庆前，我把几年来创作的 40 余幅油画，搞了一次画展。徐悲鸿先生很赞同，并亲自为画展写了序言。画展在重庆进步的文化界中受到热情支持，展出的 40 余幅作品全部售出。我共筹得资金几万元。这样，除可用于安家用度之外，尚有余款带到敦煌以备不时之需。这次远征，由于嘉陵幼小多病，又值严冬，加上妻子对我此行竭力反对，只好把她们留在重庆。这是继我归国来的第二次和妻女分离了。

1942 年在一个烟雾弥漫的早晨，我只身离开重庆珊瑚坝机场，飞往西北高原的兰州城。

严冬的西北高原，一派空旷萧条的凄凉气氛。奔腾咆哮的黄河，此际冰雪初封，显得格外驯服、平静。河边上停放的几只破旧的木轮大水车，挂在车上的竹罐子在呼啸的西北风里发出一阵阵嘶鸣，像是诉说着什么悲凉的遭遇，又像是呼唤着阳春的到来。兰州古城的街道上行人稀少，几辆包着棉布篷的马车吱吱哑哑地在雪地上碾过，更令古城充满凄凉之感。

我到兰州后首先拜访负责筹备国立敦煌艺术研究所的官员们。开始，这些当地的绅士名流对我还算热情，他们齐声赞许我不辞辛苦，前来从事敦煌艺术的研究保护工作。后来有人提出把所址设在兰州的意见，我说："设在兰州，远离敦煌二三千里，还搞什么研究和保护工作呢？"这一来，他们嬉笑的脸上立即挂上了一层冰霜。结果，对于我提出的工作要求，如配备绘画考古等方面的专业人员，购置图书参考资料、绘画物品和摄影器材等一个问题也没有解决。他们给予我唯一的"赠礼品"是哼出几首伤感情调的古诗，什么"劝君更进一杯酒，西出阳关无故人"，什么"阳关万里遥，不见一人归。惟有河边雁，秋来南向飞"，等等。这就是当地国民党官员对待中华民族艺术宝库的工作态度！

　　时间一天天过去了，人员和物资仍无着落。当时，一提起塞外戈壁滩，不少人便谈虎色变，对于长期去那里工作，则更是望而却步，无人问津了。一天，一个偶然机会，碰到一个在西北公路局工作的国立北平艺专的学生龚祥礼，一见如故，他欣然应允随我前往敦煌，并且又由他介绍了一名小学美术教员陈延儒和我们一块去。多了两个人的队伍，总比单枪匹马好得多啊。我内心感到很欣慰，后来，又经过和省教育厅交涉，凑了一个文书，还指派了天水师范学校的校长李赞庭为秘书。最后还缺少一名会计。没有办法，我只有到教育厅举办的临时会计训练班去招聘，开始，这个班四十几个人中没有一人愿意应招。半个钟点以后，才有一个穿着布长衫的叫辛普德的人站起来说，他愿意去敦煌。他说他原在武威工作因为受到马家迫害才来兰州的。这一下总算解决了班子问题！班子虽然不大，但也"五脏俱全"了。

　　在临离开兰州的前三天，龚祥礼兴高采烈地跑来，让我看一份已购置的物品清单，有纸、墨、笔、颜料、尺子、图钉、圆规等，虽然少得可怜，但我简直是喜出望外了！有了队伍，又有了这份家当，可以干一番事业了。记得我当时很感慨地说，能搞到这些东西，真是不错了。不要忘记，这是在抗战的大西北后方，靠这点东西，只要艰苦奋斗，照样可以搞出好东西来的。

1943 年 2 月 20 日清晨，我们一行六人，像中世纪的苦行僧一样，身穿北方的老羊皮大衣，戴着北方老农的毡帽，顶着高原早春的刺骨寒风，乘着一辆破旧的敞篷卡车，开始了一生难忘的敦煌之行。

七　行进在河西走廊

敦煌是汉武帝为抵御匈奴所建的河西四郡之一。从兰州到敦煌，途经凉州（武威）、甘州（张掖）、肃州（酒泉）三郡，每郡之间相距约 300 华里，按古代中国长途交通驿站的标准行程（也是人畜皆可以完成的行程），是每日 70 华里，这样，约需半月行期。但是，我们乘着现代化的汽车，却一共走了一个来月，主要是因为当时乘的是一种老式的破旧"羊毛车"（苏联支援的一种汽车，因用西北羊毛交换而得名），机器陈旧，又缺少零件，路上经常抛锚，司机还沿途运私货，技术也不高明，加上道路坎坷，因而还赶不上人畜的速度。行速之慢虽然给我们带来不少困苦，却也增多了不少观光的机会。

离开兰州西行，过永登后便进入了祁连山脉中通向古代丝绸之路的河西走廊。这里地势逐渐升高，气候也更加寒冷，沿途村烟稀少，谷野荒凉。车来到乌鞘岭时，两次抛锚。深夜，山风狂吼，腹饥身寒，我们依偎在一个小山神庙里避风。不知是谁发现一筒占卜的竹签子，于是大家争着抽起签来。司机站在一旁一本正经地说，这个庙的签言可灵验啦。记得一个人抽的签上是"升官发财"，大家纷纷向他祝贺。我也抽了支，却是"家破人亡"。我是不相信鬼神迷信的，但回想归国以来的几年坎坷生活，心头不免涌现一种前途渺茫、吉凶未卜的忧郁之感。谁知几年之后，签言竟变成了现实，我那不堪敦煌生活工作之苦的妻子，不辞而别，弃我而去，人未亡家已破，这虽然仅是一种与签言的巧合，却反映着在国民党黑暗统治下艺术工作者任"命运"摆布的悲惨遭遇。

几天之后，我们来到武威郡，也就是古代的凉州郡，这里曾是十六国时期自张轨以来西北的佛教中心。前秦沮渠蒙逊占据此地后，自立为王，号北凉。封建统治者为巩固政权，利用来自西方的佛教来麻醉劳动人民，故而佛教事业昌盛。在凉州至今保留不少古寺庙和石窟。天梯山石窟就是著名的沮渠蒙逊时代建造的石窟寺，其内容、结构与艺术风格和新疆克孜尔石窟及敦煌千佛洞的早期艺术作品有极为相似之处。

武威西行的第二郡是历史上较武威更为富有的甘州城，又称"金张掖"，但如今已是到处充满贫穷落后，"银武威"不"银"，"金张掖"不"金"了。沿途所见，满目凄凉，田野中几簇干枯的小灌木在寒风中颤抖，沙土堆像荒冢起伏，偶尔遇到一两个身披羊皮的老农，蜷伏在枯瘦的毛驴背上，孤独、寂寞无言地走向斜阳落日黑水长流的远方。

历史记载，公元400年4月16日至7月15日，高僧法显西行过此时在这里坐夏。这里也是魏晋十六国时期佛教传播的中心之一，曾有不少佛塔和寺院的遗迹，早期石窟马蹄寺就在附近。但令人气愤的是，这些古色古香的街道建筑和寺院楼阁，正在由于扩建马路而横遭践踏。这是我第一次也是最后一次欣赏到古代甘州精工细凿雕梁画栋的艺术杰作，也是第一次看到民族艺术古迹被如此摧残破坏的场面。看着那些千百年来显示着劳动人民勤劳智慧的艺术结晶在刀劈斧砍中倒下，在尘土飞扬中淹没，心中凄楚难言，不忍再睹。

我不由联想到，公元前139年，张骞出使西域时，也是沿着这条道路前行，几经危难；4世纪时的法显和尚到西域取经，同样沿此径行，他的同伴惠景和尚在翻越葱岭时，也惨死在风雪严寒之中。著名的唐代名僧玄奘，也在这里买了一匹好马想西行安度布隆吉尔有名风口，后来临走时碰到一个经常由酒泉走哈密的老人，他看了那匹玄奘新买的走马说："这匹马在平坦的道路上走倒是好的，但不能走戈壁和风口，它不识路，不识水，到哈密去很危险，不如我这匹老马好。"玄奘听到老人的话很感动地说："对了！你说中要害，我愿意换你的老马。"果然，玄奘在安西迷失道路，在马上昏迷，还是老马带他到苏勒河水边，拯救了他的命。在他的《西域记》中，他记述的九死一生的危难险恶也就是指的这段沙漠行路的艰辛。在这条千百年来的丝绸之路上，留下了多少荣辱盛衰，又掩埋了多少行人尸骨。

酒泉郡是汉代建立的历史名城。汉代名将班超在塞外征战 20 年后，曾上书和帝说："臣不敢望到酒泉郡，但愿生入玉门关。"指的就是这个地方。这里也遗留有汉、魏、十六国、隋、唐等各朝代的大量历史文物。如酒泉西北侧的黑水国，即汉代的沙漠古城。人们曾在那里发掘出大批文物，其中闻名世界的"居延汉简"，反映了当时各族人民（的）生活情况，也展现了各国之间友好往来的政治、经济、文化交流情况。在酒泉城附近的文殊山上，有一个十六国时期北凉沮渠蒙逊修建的石窟寺，寺中文物富有中国早期壁画和彩塑（的）特点。酒泉城西北的嘉峪关是明代所建的通向西陲的城关，也是封建社会流徙犯人的边卡，一出此关，眼前即是一片茫茫无垠的瀚海了。当地人们流传着这样的歌谣："出了嘉峪关，两眼泪不干，前望戈壁滩，后望鬼门关。"它反映当地劳动人民为谋生存而西渡流沙、不卜生死的悲惨命运。酒泉盛产一种驰名中外的"夜光杯"，用当地一种玉石制作，杯身细薄，斟上酒后，灯光下透过杯壁可清晰看到杯中酒的颜色，奇巧玲珑，闻名古今。盛唐诗人王翰在一首《凉州词》诗中写道："葡萄美酒夜光杯，欲饮琵琶马上催。醉卧沙场君莫笑，古来征战几人回！"可见夜光杯已久享盛名了。公元前 139 年，张骞出使西域，曾在这里被匈奴监禁 10 年，历尽艰难，才得以逃生，这些故事至今仍在人们中间娓娓传述。

出了嘉峪关，沿途看到一些土砌的墩子残垣，这就是有名的汉代传递信息的烽燧。所谓"流沙坠简",就是在烽燧附近为流沙所埋藏的汉代边疆戍卒留下的简札。这里也是汉代长城的余脉沿丝绸之路方向在敦煌郡的会合处,是东西文化、物资交流、友好往来的重要历史见证。

安西是我们乘汽车行程的最后一站,再往前就没有公路可行了。这里又被称为"一年一场风"的"风城"。我们于1943年3月20日下午到达这里,到此,一个月的汽车颠簸生活结束了。塞外的黄昏,残阳夕照,昏黄的光线被灰暗的戈壁滩吞没着,显得格外阴冷暗淡,杜甫诗句"边日少光辉"正是此景的逼真写照。在公路的尽头处,我们看到一块四五丈高用土坯砌成的泥牌子,上面写着"建设大西北"五个大字,衬托着牌子后面被流沙掩埋的残城一角,破败凋零,一派颓废景象。这真是对国民党当局绝妙的讽刺!联想一路上的所见所闻,在这到处充满贫穷、饥饿、荒凉、颓败的大西北,这块土牌子可算是国民党对大西北的唯一"建设"了。

从安西到敦煌一段行程,连这破旧的公路也没有了,一眼望去,只见一堆堆的沙丘,和零零落落的骆驼刺、芨芨草,活像一个巨大的荒坟葬场。这段行程只有靠"沙漠之舟"的骆驼帮忙了。经过一个多月的准备,我们雇了10头骆驼,开始了我们敦煌行的最后旅程。

骑骆驼,这还是我有生以来的第一次。骆驼很温顺地跪在地上,让人跨上它那毛茸茸的峰背。骆驼站起来时是先起后腿，当人向前倾时再起前腿。它行走时后腿高于前腿，就这样伴随着有节奏的驼铃声，它摇摇摆摆地向前行走，使人感到安全舒适。这不禁使我回忆起小时候在西子湖畔微波泛舟的情景，那一起一伏的感觉大有相似之处。"戈壁之舟"果然得名有理。

第一天，走了 30 里，午夜后到达自古以盛产甜瓜闻名的瓜州口。但是，这个瓜果之乡，如今却因为井水干涸，连人畜饮水也要用毛驴从 20 里以外驮来了。"瓜州"已变成了徒有虚名的不毛之地，在惨淡凄凉的月光下山沟里隐约露出几间土房，我们前去投宿。一个守屋的老汉只能提供半缸水，还不够我们 7 个人（加上骆驼客，当地对赶驼人的俗称）的饮用。我们和衣挤在土炕上，度过戈壁滩上的第一夜。

过了瓜州口后，骆驼客告诉我们，下一站要到甜水井打尖。"甜水井"，这名字在我们心中激起一阵兴奋的涟漪，在枯燥的沙漠旅行，谁不产生对水的珍爱和向往呢！当夜在繁星中我们来到甜水井。大家都盼望着痛饮一次甜水，好不容易从井里打上半桶，急忙用兽粪煮开，谁知喝到嘴里却是又苦又臭，刚才那种如饮玉液琼浆的憧憬一下子云消雾散了。第二天早晨，我们才发现，原来井口周围堆满了兽粪，这些水是牲畜连吃带拉，经过长年有增无减的累积结果。骆驼客走过来，看到我们一副望着井摇头叹息的失望表情，便说："从安西到敦煌 240 里的戈壁滩上，还只有这一口井哩，别看不好喝，对我们赶骆驼、牛马的下苦人来说，可真是一口救命的甘泉哩！"他的话对我们启发很大，"严寒知火暖，饥渴觉水甜"，在日后敦煌艰苦的岁月中，我常想起这口甜水井和骆驼客的话，增加着茹苦为乐的勇气。

甜水井的下一站，是疙瘩井，闻其名自知无水可寻了。这是一个长满骆驼刺的大沙丘，卸下重载的骆驼没精打采地啃着干瘪瘪的骆驼刺，我们的水已用尽，只好坐卧在沙堆上，啃着又冷又硬的干馍和沙枣锅盔。深夜，辗转难寐，仰望寒空如罩，繁星点点，空旷寂静，万籁俱寂。正如古诗所云："天似穹庐，笼盖四野。"然而，这寂静的沙漠之夜，却使游子心潮烦乱，无法与大自然气氛吻合。恍惚间，我脑海浮想联翩。记起《慈恩传》中记述："夜则妖魑举火，灿若繁星，……顷间忽见有军众数百队满沙碛间，乍行乍息，皆裘褐驼马之像及旌旗矟纛之形，易貌移质，倏忽千变，遥瞻极著，渐近而微，初睹谓为贼众，渐近见灭……"这种类似的感觉，确是人在孤独的沙漠之夜易产生的幻景。恍惚间，伯希和《敦煌石窟图录》中所见的飞天夜叉、天神菩萨的形象，也仿佛在眼前浮现。的确，再有一天多的时间，这些艺术形象即可真的呈现面前了。

当一轮红日从嶙峋的三危山高峰上升起来的时候，骆驼客指着那里说："喏，千佛洞就在太阳的西边，鸣沙山的脚下。"我们顺着方向望去，只见三危山尽头依然是一望无际的戈壁和沙山。骆驼客看我们焦急的样子，便打趣地说："千佛洞是仙境，时隐时现，变化无穷，哪能一下子让人看见呢？"我们不满意他的回答，但也无奈。骆驼依然慢悠悠地在沙滩上印刻着它那莲花瓣一样的美丽图案，驼铃也伴着它的缓慢的脚步叮当地响着。当骆驼转过一个沙丘时，突然，我们不约而同地欢呼起来。从一个沙丘的夹缝里，不远的峡谷中，隐隐露出一片绿树梢头，并有点点粉红色的杏花点缀其间，真是别有天地。大家争相指点，喜笑颜开。骆驼这时也加快了脚步小跑起来，骆驼客挥鞭吆喝，也无济于事。它们歪歪斜斜地奔下山坡，在一条清澈的小溪边狂饮起来。此时，我们却完全被眼前的壮观景象陶醉了。不远处，透过白杨枝梢，无数开凿在峭壁上的石窟，像蜂房一样密密麻麻。灿烂的阳光，照耀在色彩绚丽的壁画和彩塑上，金碧辉煌，闪烁夺目，整个画面，像一幅巨大的镶满珠宝玉翠的锦绣展现在我们面前，令人惊心动魄，赞叹不已。一股涌自肺腑的对伟大民族艺术（的）敬仰爱戴之情油然而生。我们跳下骆驼,向着向往已久的民族艺术宝库跑去。

八　石窟初次巡礼

真是"百闻不如一见"。对这个伟大的艺术宝库，我过去的一点支离破碎的了解简直太肤浅可怜。仅就"千佛洞"的名称而言，过去以为是因有一千尊佛像而得名，看了公元698年李怀让《重修莫高窟佛龛碑》之后，才知道这个石窟群名为莫高窟，始建于公元366年，到唐代立莫高窟碑时，已累建起大小石窟1000多个。到那时止，虽已经千余年的风沙侵蚀及人为的毁损，但仍保存较完好的洞窟（有）468个。它是中国石窟寺中现存规模最大、保存最完好、最古老的艺术宝库之一。这个石窟群，开凿在敦煌城东南 30 公里的三危山和鸣沙山之间，大泉左岸的酒泉系砾岩的陡壁上。陡壁高三五十米不等，由南至北，开凿石窟的崖壁共 1660 米，分南北二区。南区长 940 米，是石窟群艺术精华所在。因为地面平坦，沿着大泉细流的冲刷，自南至北，冲向戈壁，洞窟的修凿，顺水流自南向北分上、下三四层，累累如蜂房，栉比相连，包括晋、魏、隋、唐、五代、宋、西夏、元朝各代修建的壁画、彩塑洞窟 452 个；中隔上下的马路坡道是原来经过二层台子往返城乡的通道。北区长 720 米，有大小洞窟 100 余个，其中大部分是因开始时莫高窟无树木，凿窟为室，供工匠居住的窟，内有壁画和彩塑洞窟 5 个。整个石窟群共有 492 个洞窟。自 1943 年敦煌艺术研究所成立以来，从原来的 309 窟，调查发现为现今的 492 个洞窟，壁画总面积 44830 平方米。如果将这些壁画排成 2 米高的画面展出，这个画廊可达 22.5 公里长。把敦煌壁画称为世界上唯一留存的最大的古代艺术画廊是当之无愧的。（阿富汗的巴米扬是佛教艺术的中心，现经日本考古学者水野清一、樋口隆康十余年的发掘，据称原有洞窟 700 余个，但屡经战乱至今仅存十余个洞窟。）而更为宝贵的是整个石窟的艺术创造价值。这数量巨大的壁画彩塑，从洞窟的建筑结构、壁画的装饰布置、画面的主题内容、民族特征、时代风格来看，是自 4 世纪到 14 世纪的千余年中，无数艺术匠师们呕心沥血、天才智慧的艺术结晶！这些辉煌的艺术成果，既展示着承先启后艺术上的连续继承的伟大的中华民族艺术传统，又包含着各个时代在丝绸之路上所吸收融化的交光互映的外来影响，从而创造性地树立了千古常新的敦煌独特的风格。它是中华民族取之不尽用之不竭的伟大艺术宝库之一，也是全世界人民的宝贵艺术财产。

置身这个艺术宫殿里，每一个洞窟都具有令人陶醉的艺术魅力。那建于五代时期的窟檐斗拱上的鲜艳彩绘的梁柱花纹，那隋代窟顶的联珠飞马图案，那顾恺之的春蚕吐丝般的人物衣纹勾勒，那吴道子的"吴带当风"的盛唐飞天，那金碧辉煌的李思训的用色……这些体现着民族传统和时代风格的山水人物绘画，栩栩如生呼之欲出地展示在我们眼前。在这里，我看到了伯希和敦煌图录中所看不见的各时代壁画绚丽灿烂的色彩；而敦煌早期壁画中那种描写人物粗犷遒劲有力的线条，如敦煌第275窟东晋十六国时期壁画中，关于毗楞竭梨王本生的故事，是河西当地民族匠师们的一种风格。在这里还可以看到比欧洲文艺复兴大师乔多之类早1000多年具有高度现实主义风格的唐代人物和风景画。

在14世纪意大利文艺复兴大师乔多画的《小鸟说法图》这幅画中，他把人物穿插在简单的树木风景中，小鸟在地面上走动，有些正展翅飞翔，有生动现实的感觉，这幅画是乔多作为文艺复兴先驱者、著名画家的重要成就。但是和敦煌第217窟化城喻品绘画比较，乔多的作品在艺术造诣上就相形见绌了。在这幅盛唐的画面上，青绿明快的初春景色，展示着现实主义的人物山水布局。画中山峦重叠，行人在弯曲的乡村夹道上鱼贯而行，人物和他们所处的山水景物随着透视的演变愈远愈小。画中还出色地运用了中国民族传统绘画的一种高瞻远瞩的散点透视法。画面上表现的山山水水、建筑、人物，引导我们的视线从下到上，曲曲折折地经过"落花流水""浮云幻城"等细节，使人们随之自近而远、自大而小地向前移动，最后是几座远山，几株小树和水流，远远地消失在蓝天白云之中。

特别使我注目的是，在 30 多个魏代石窟中保留着完好的数千平方米的绚丽多彩、豪放旷达的壁画和朴质淳厚的彩塑及装饰图案。它们的创作思想和表现手法在一定程度上还一丝如缕地保留着汉代的艺术传统。如狩猎图、山川树石、行云流水等，早期石窟壁画中加进佛教内容的飞天、夜叉、天神、梵女等，再加上壁画中遒劲有力的榜书题记及整个石窟建筑的结构布局，这些壁画雕塑、榜书题记无不荡涤着一种"风驰电掣""遒劲超忽""气韵生动"的民族传统。而且，这一传统从 4 世纪至 14 世纪历经千年而不衰！

在伟大的民族艺术面前，我感到深深内疚的是，自己在漂洋过海，旅居欧洲时期，只认为希腊、罗马和欧洲文艺复兴时期的艺术是世界文艺发展的高峰，而对祖国伟大灿烂的古代艺术却一无所知，漆黑一团。今天，面对祖先遗留下的珍宝，才如梦方醒，追悔莫及。

而令人愤慨的是，20 世纪初叶，敦煌秘室宝藏遭受到一场帝国主义疯狂的劫掠。如第 17 窟，在公元 1035 年时（宋仁宗景祐二年），为逃避西夏入侵抢掠，莫高窟和尚和当地豪绅把历代宝藏、经卷、画幅、古文艺手抄本、契约等 3 万余件文物封藏在这个洞窟耳洞中，并用土基将洞口堵塞，画上伪装壁画的菩萨像。西夏占据敦煌 100 余年，封藏文物的主人逃难一去不知所终，从此近 1000 年内无人得知。直到公元 1900 年 5 月 27 日，才为道士王圆箓在清理流沙时偶然发现，他和当地土豪及外国盗宝者奥勃力切夫、斯坦因、伯希和先后盗去数以万计的手抄经卷，全体卷轴、绣像、幡画等，最后只有 8000 余卷经卷文书劫后余生，送至北京（现在保存在北京图书馆）。如今，第 17 窟室已空无所有，只剩下被遗弃在外的洪辩和尚塑像和北壁唐人画的供养仕女像 2 尊。这两个色彩鲜艳、栩栩如生的仕女画像，成了历史变迁的目睹者。

当时，我默默地站在这个曾经震动世界而今已空无所有的藏经洞中央的洪辩造像坐坛前，百感交集，思绪万千。宝藏被劫掠已经过去三四十年了，而这样一个伟大的艺术宝库却仍然得不到应有的保护和珍视。就在我们初到此处时，这里窟前放牧牛羊，洞窟被当作去金沟淘金沙的人夜宿的地方，在那里做饭煮水，并随意毁坏树木；洞窟中流沙堆积，脱落的壁画夹杂在断垣残壁中随处皆是，无人管理，无人修缮，无人研究，无人宣传，仍遭受大自然和人为毁损的劫运。眼前，这空空荡荡寂静幽暗的洞室，像是默默地回顾着她的盛衰荣辱，又像无言地怨恨着她至今遭受的悲惨命运！忽地，砰的一声巨响把我从沉思中惊醒，原来是第 4 窟五代的危檐下崩落了一大块岩石，随之是一阵令人呛塞的尘土飞扬。我不禁感到，负在我们肩上的工作任务将是十分艰巨而沉重的。

敦煌——这个古代丝绸之路的要隘重镇，是从汉代开始兴建的。文献上说："敦，大也，煌，盛也。"可见，早在公元前2世纪时，这里已成为中国与西域各国进行政治、经济、文化交流的一个大都会了。

从印度传入中国的佛教，到公元四五世纪的南北朝时代开始盛行。这正是中国历史上各族大迁移，战争频繁"尚寐无吪，不如无生"的时代。据现存敦煌文物研究所藏唐武周圣历元年（698）重修莫高窟碑记载，前秦建元二年（366），有一个名叫乐僔的和尚，西游到敦煌三危山下，时近黄昏，西方落日金光反射在东面三危山上。只见山上一派耀眼的金光，好像其间有千万个佛像出现。和尚的幻觉认为这里是块圣地，便用化募来的钱雇人在这里凿下了第一个石窟。不久，又有一个法良禅师从东方来到这里，又在乐僔窟的旁边凿下第二个洞窟。此后，从十六国到元代1000年间，历代石窟就连续不断地修建起来。

唐代（618-907），是莫高窟的发展高潮时期，这时开凿的数量最多，艺术造诣也最高。据唐碑碣记载，当时有数以千计的石窟，窟前有木构的窟檐，并有栈道相通。山上建起了一座座金碧辉煌的殿堂，雕梁画栋，光彩夺目。窟前是"前流长河，波映重阁"。然而，经过一千数百年的风沙雨雪的自然毁损，敦煌已经发生了"沧海桑田"的变迁。一些窟毁坏消失，有的被风沙掩埋，雕檐崩塌，那"波映重阁"长河的大泉到现在只剩下一股涓涓细流。我从历史上看到敦煌石窟的繁荣昌盛，为使她不再毁损，决心以有生之年为敦煌石窟的保存和研究而努力奋斗，决不让这举世之宝遭受灾难了。

九 坚守敦煌

1943年3月24日，我们6个人盘坐在千佛洞中寺破庙的土炕上进晚餐，我真有点不习惯盘腿而坐，而会计老辛却坐得非常自如。几乎没有什么生活用具，灯是从老喇嘛那里借来的，是用木头剜成的，灯苗很小，光线昏弱；筷子是刚从河滩上折来的红柳枝做成的；主食是河滩里咸水煮的半生不熟的厚面片；菜是一小碟咸辣子和韭菜。这是来敦煌的第一顿晚餐，也是我们新生活的开始！

我的秘书，原来是天水中学的校长老李，久患胃病，经过旅途的疲劳颠沛，终于病倒了，躺在土炕上呻吟。另一个同事提醒我，教育部临行给的那点经费因为另外请了3位摄影专家，他们从重庆乘飞机来就花了我们整个5万元筹备费的三分之一，加上我们来时一路上的开销，现在已经所剩无几了，而且这里物资昂贵，甚至有钱也买不到东西。更困难的是，千佛洞孤处沙漠戈壁之中，东面是三危山，西面是鸣沙山，北面最近的村舍也在30里戈壁滩以外，在千佛洞里除我们之外，唯一的人烟是上寺两个老喇嘛，下寺一个道人。因此，工作和生活用品都得到县城去买，来回路程有八九十里，走戈壁近路也要七八十里。而我们唯一的交通工具是一辆借来的木轮老牛车，往返至少一天一夜。

在万籁俱寂的戈壁之夜，这些牵肠挂肚的难题缠绕萦回，思前顾后，深夜难寐。半夜时分，忽然传来大佛殿檐角的风铎被风吹动的叮当响声，那声音有点像我们从安西来敦煌时的驼铃声，它的声音抑扬沉滞。但大佛殿的风铎叮当声却细脆而轻飘，由于不少风铎连起来就变得热闹了。渐渐，大佛殿的铃声变轻了，小了，我迷蒙间仿佛又骑上骆驼，在无垠的沙漠上茫然前行，忽而，又像长了翅膀，像壁画中的飞天在石窟群中翱翔飞舞……

忽然一块从头上落下来有飞天的壁画压在我身上，把我从梦中惊醒，窗外射来一缕晨曦，已是早晨7点多钟了。我起身沿着石窟走去，只见一夜风沙，好几处峭壁缺口处，细黄色的流沙像小瀑布一样快速地淌下来，把昨日第4窟上层坍塌的一大块崖石淹没了，有几个窟顶已经破损的洞子，流沙灌入，堆积得人也进不去了。我计算一下，仅南区石窟群中段下层洞窟较密的一段，至少有上百个洞窟已遭到流沙掩埋。后来，我们曾请工程人员计算了一下，若要把全部堵塞的流沙清除，光雇民工就需要法币300万元。我一听，吓了一跳。教育部临行给我们的全部筹建资金只有5万元，何况已经所剩无几，叫我们怎么雇得起呢？

我和大家商量，沙是保护石窟的大敌，一定要首先制服它。眼前首先是这些积沙如何清理，但没有经费雇民工，怎么办？虽然生活工作条件异常艰苦，但大家的工作情绪都很高涨。大家想了不少主意。后来，我们从王道士那里听说他就用过流水冲沙的办法。于是我们便试着干起来。我们雇了少量民工，加上我们自己，用了两个春秋，从南到北，终于把下层窟洞的积沙用水推送到一里外的戈壁滩上，这些沙又在春天河水化冰季节被大水冲走。

因为这里原来是无人管理的废墟，三危山下和沙滩边的农民已习惯把牛羊赶到千佛洞来放牧。当我们来到时，春草在戈壁上尚未出生，老乡们赶来的牛羊经过沙漠上的长途跋涉又渴又饥，只有拼命地啃不多几棵杨树的皮。我再三向牧民交待，但他们没有办法使饥饿的牛羊不啃树皮。为了加强管理，保护树木以防风沙，我们建造了一堵长达2公里的土墙，把石窟群围在土墙里面。

仲夏的敦煌，白杨成荫，流水淙淙，景色宜人。在这美好的季节，我们的工作也紧张有序地开展起来。当时人手虽少，条件也很艰苦，但大家初出茅庐，都想干一番事业，所以情绪还不错。我们首先进行的工作是：测绘石窟图，窟前除沙，洞窟内容调查，石窟编号，壁画临摹等。

为了整理洞窟，首先必须清除常年堆积窟前甬道中的流沙。清除积沙的工作是一件工作量很大的劳动。雇来的一些民工由于没有经验，又不习惯这种生活，有的做一段时间便托故回乡，一去不返。为了给他们鼓劲，我们所里的职工轮流和他们一起劳动，大家打着赤脚，用自制的"拉沙排"一个人在前边拉，一个人在后面推，把洞中积沙一排排推到水渠边，然后提闸放水，把沙冲走。

民工们粮食不够吃时，我们设法给他们补贴一些，使民工们逐渐安下心来。据县里来的工程师估算，这些堆积的流沙有 10 万立方米之多。此外，还要修补那些颓圮不堪的甬道、栈桥，修路植树等等。这些工作，我们整整大干了 10 个多月。当我们看到围墙里的幼树成林，因没有牲畜破坏而生长得郁郁葱葱，我们工作人员及参观游览的人在安全稳固的栈道上往来时，心里充满了喜悦。

随我来的两个艺专学生，他们对工作很热心。但困难的是在敦煌买不到绘画的颜料、纸和笔。他们便十分节省地用兰州带来绘画的纸和颜料，他们还自力更生，到三危山自采一些土红、土黄等土颜料。他们是画国画的，临摹了一些唐代的壁画，觉得很有兴趣。以后在调查洞窟内容时，他们都选择了各时代的代表作品作为下一步的工作计划。我用油画颜色临摹了几幅北魏的壁画，那摹本的效果很像法国野兽派画家鲁阿的作品。

在编号工作中，我们还有一次小小的遇险故事。当时我们没有长梯子，只靠几个小短梯子工作。一次，我们调查九层楼北侧第 230 窟内容，因为没有长梯，大家便从第 233 窟破屋檐的梁柱中用小梯一段一段爬上去。但当我们工作结束时，小梯子翻倒了。这一来我们都上不着天、下不着地地被悬在半空洞窟中，成了空中楼阁里的人了。一个姓窦的工人出主意从崖上面的陡坡上走。陡坡大约七八十度，下临地面 20 多米，从第 232 窟大约要爬十几米的陡坡才能到山顶。大家都面带难色，这时，只见姓窦的工人动作敏捷地三脚两步爬到了山顶。艺专的一个小伙子也跟了上去，但没爬几步，便嘴里大喊着"不行"停住了，只见他神色恐慌，进退两难。我想试一试，刚跨上两步，原以为坡上的沙石是软的，用大力一踩会蹬出一个窟窿，没想到脚下的坡面像岩石一样坚硬，一脚踩下去，像被弹出来一样反而站立不稳，差一点摔下去。惊惶之中，我的一本调查记录也失手掉在坡上，立即飞快地下滑，像断线的风筝一样飘飘荡荡地落下去。我只觉得身体也在摇晃不定，像是也随着本子落到崖下。后来，还是我让山顶上的老窦回去取来绳子，把我们一个个拉了上去，才结束一场险情。以后我们做了两个长梯，再也不敢冒险爬陡坡了。

我们的工作和生活条件变得越来越艰苦了。三四个月过去了，但重庆一直没有分文汇来，只好向敦煌县政府借钱度日，债台越筑越高。为了借钱和筹措职工生活用品，为解决工作中的困难等事项，我日夜忙碌。有些事情要进城办理，无论严寒盛暑，或是风沙月夜，我一个人跋涉戈壁，往返城乡，每次五六十里之遥，都搞得精疲力竭，困顿不堪。更使人忧心的是，这个满目疮痍但储满宝藏的石窟，随时会发生危急的警报。昨夜刚发生第458窟唐代彩塑的通心木柱因虫蛀突然倒塌；今天，在检查时又发现第159窟的唐塑天王的右臂又大块脱落下来。警报之后随之而来的，便是我们的一阵艰苦补修劳动。因为这些文物补修工作，不敢轻易委托民工，怕他们搞坏，只好亲自动手。

还有一个更可怕的困难，是远离社会的孤独寂寞。在这个周围40里荒无人烟的戈壁孤洲上，交通不便，信息不灵，职工们没有社会活动，没有文体娱乐，没有亲人团聚的天伦之乐。形影相吊的孤独，使职工们常常为等待一个远方熟人的到来，望眼欲穿；为盼望一封来自亲友的书信，长夜不眠。一旦见到熟人或接到书信，真是欢喜若狂。而别的人也往往因此更勾起思乡的忧愁。特别是有点病痛的时候，这种寂寞之感就更显得突出可怕了。记得有一年夏天，一位姓陈的同事，因偶受暑热，发高烧，当我们备了所里唯一的牛车要拉他进城时，他偷偷流着眼泪对照顾他的人说："我看来不行了，我死了之后，可别把我扔在沙堆中，请你们好好把我埋在泥土里呀！"（后来他在医院病愈之后，便坚决辞职回南方去了）类似的情况，对大家心理影响很大，因为谁也不知道哪一天病魔会找到自己头上。的确，如果碰上急性传染病的话，靠这辆老牛车（到县城要6个小时），是很难救急的，那就难逃葬尸沙丘的命运了。在这种低沉的险恶境况下，大家都有一种"但愿生入玉门关"的心情。但对于我这个已下破釜沉舟之心的"敦煌迷"来说，这些并没有使我动摇。记得画家张大千曾来敦煌进行"深山探宝"，临走时，半开玩笑地对我说："我们先走了，而你却要在这里无穷无尽地研究保管下去，这是一个长期的——无期徒刑呀！"

"无期徒刑吗？"我虽然顿时袭来一阵苦恼和忧愁，但还是坚定地表示了我的决心。我对他说：如果认为在敦煌工作是"徒刑"的话，那么这个"无期徒刑我也在所不辞。因为这是我梦寐以求的神圣工作和理想"。虽然是这样回答了他并决心经受千难万险也干下去，但眼前的现实实在令人愤慨，一种灰溜溜的不祥预感常常袭上心头，一场更残酷的打击正向我扑来。

十　严峻的考验

1943 年秋天，一直留恋大城市安逸生活、两次和我分离的妻子，在我的不断鼓动下，终于动身来到敦煌。虽然一路上叫苦连天，但当这个绚丽多彩的艺术宫殿呈现在她面前时，她热爱雕塑艺术的热情被重新燃烧起来。她感到很有兴趣，不虚此行，并立即参加了我们的临摹复制工作。

但是，随着沙漠中万木凋枯的寒冬来临，在时间和艰苦生活的考验面前，她灵魂深处的思想意识的弱点浮现出来，最初的兴趣渐渐消失了，对艰苦生活的不满和牢骚日益多起来。一天，当我结束了工作，带着疲劳而满足的心情回到宿舍时，忽然发现她不见了，哪里也找不到。我责备自己一味埋头工作，平时对她关心太少了。但也感到，她来这里无非是做一次短期旅行，并没有长期待下去的打算。粗粝的饮食，单调、枯燥的生活和工作环境，当然无法满足她的要求。但终没想到，她竟如此狠心地丢下她的两个儿女和艺术事业，不辞而别。当时，这对我真是个晴天霹雳。开始，我真不知如何办才好。我尽力找了各种可能找到的交通工具去追赶她，但结果茫然。在途中，我饥饿、愤慨和疲劳交加，终于从马背上昏倒摔下来，幸而被长期坚持戈壁滩工作的老友地质学家孙健初（已故）和一位老工人发现（并）救了我，把我护送回到敦煌。

我在子女的凄惨的哭号声中，承受着这场生活中的严峻打击和考验……

在那个苦不成寐的长夜中，我思绪万千，痛苦和悲愤交织而来，我恨国民党政府，在我们为敦煌艺术献身的工作长河中，掀起千层沉船的恶浪。如今，把我们6个人抛置在大西北戈壁上，置之不理，不与分文，让艰难险阻层层困苦对我们进行折磨……怎么办？我眼前又浮现出重庆那些进步人士和至诚好友的热情而殷切的目光；忽而，我脑海中又呈现出那一幅幅丰姿多彩的壁画，那栩栩如生的雕塑，继而，我又想到第254窟中著名的北魏壁画《萨埵那太子舍身饲虎图》，它那粗犷的画风与深刻的寓意，又一次强烈地冲击着我。我想萨埵那太子可以舍身饲虎，我为什么不能舍弃一切侍奉艺术、侍奉这座伟大的民族艺术宝库呢？在这黑暗的动乱年代，它是多么需要保护，需要终身为它效力的人啊！我深深感到，如果我放弃自己的责任而退却的话，这个劫后余生的艺术宝库，很可能随时再受万劫不复的洗劫！

不能走！再严酷的折磨，也要坚持干下去。我要在黑夜中奋斗，迎接总会到来的黎明。皎洁的月光洒满窗帘，我带着不渝的坚贞沉入梦乡。梦中，我看到一个个"飞天"从洞窟中翩翩飞出，天空飘满五彩缤纷的花朵，风铎的叮当声奏出美妙的乐曲……

下定在敦煌长期干下去的决心后，我给当时支持并鼓励我来敦煌的梁思成打了一个电报，代我们责问教育部：他们为什么打发我们到荒无人烟的沙漠孤岛上，半年多时间分文不给？要他们回答并解决这个问题，否则，我们全体工作人员将来重庆，向公众控诉他们。第三天，我们接到梁的回电说：接电后，即去教育部查询，他们把责任推给财政部，经财政部查明，并无"国立敦煌艺术研究所"的预算，只有一个"国立东方艺术研究所"，因查无地点，不知所在，无从汇款。此系官僚机构的荒唐行径，现已查明，款即照汇，望继续努力。复电和随后寄来的经费，对工作人员的思想情绪起到了暂时的稳定作用，经费除还债外，还有一部分结余。于是又托成都的朋友购买了一点临摹用的绘画颜料、纸张，以及裱画的绫边，和历史、美术（包括帝国主义盗窃敦煌文物后刊印的报告、文章）等参考资料。同时，还扩大了编制，招收了几个新的有专业知识的职工。为了专心工作，我还把在酒泉上中学的女儿沙娜叫来，跟我一起学习临摹壁画并照料失去母亲的幼小弟弟。

1945 年春，我们还借把临摹的画拿到重庆装裱的机会，在那里搞了一个小规模展览。一方面介绍我们的工作成果，一方面向广大人民介绍我国自北魏以来各朝代连续不断地发展创造的敦煌艺术的辉煌成果，引起人民对伟大民族珍贵的艺术遗产的重视，也吸引内地艺术学校毕业生和画家，到敦煌来进修和研究祖国的传统艺术。

当我憧憬着我的事业的美好前景时，1945 年 7 月，美景未至，一个致命的打击却扑面而来。国民党教育部来了一道命令，宣布撤销"敦煌艺术研究所"，命令我们把石窟移交敦煌县政府。妻子弃走的折磨刚刚平息，现在，我拿着命令，简直呆傻了，这简直是致命的一刀啊！这个为国民党政府粉饰太平的装饰品，终于被凶狠地摔到地下。

这接踵而来的打击，使我像狂风恶浪中的孤舟一样，忽而浮起，忽而沉下。我刚刚振奋起来的热忱，又一次被无情地吞没了。

不久，陆续收到各处热情支持我们坚持下去的信，有的朋友告诉我，他们正和一个民办艺术机关联系，这个机关已向教育部表示，如部里取消这个国立的艺术研究所，他们就接管。这些信暂时稳定了职工们的情绪。

但一两个月过去了，和教育部关系已断，经费也停发。我们只好靠那点余款度日，并节约开支，每人每月只发生活费 50 元。维修工作也只得停止下来，但临摹、调查、研究以及引导游客参观工作仍照常进行。

为了应付经费紧张问题，我们想了一些办法，记得当时已定做的第 428 窟的木门，木材工料费要两三百元，这笔钱在当时可不是小数目。恰好这时城里的一个商人要我画一幅画像，我就借机要他捐款。最后，他拿出了这笔款子，但希望把他和他的儿孙的名字刻在木门上作为捐款的回报，此外还要我的一幅油画像。这时虽然暂且能勉强度日，但职工们受打击很大，情绪也受到一定影响。这年8月15日，传来日寇投降的消息，我亲自跑进大佛殿在铁钟上重重地打了21下，并向职工们宣布了这个大喜的消息。这天，我们杀了一头羊，热热闹闹地聚餐庆祝。这时，国民党的中央研究院接管我们所的通知也收到了。

但是，接着而来的是一个散伙"复员"的狂潮，有的职工看到日寇已投降，又可和敌占区的亲属团聚了；有的无心再待在这个边陲荒凉之地，都相继辞职离开了。这是又一次的打击，几年的艰难困苦生活都熬过来了，如今却坚持不住半途退伍了。我也又一次触动起了思乡之情，我是一个生长在西子湖畔的南方人，在敦煌不但落得妻离家破，还不断遭受种种打击。

记得一个月明星稀、万籁俱寂的深夜，我思索着自己的今后去向，是留？还是走？这时我仿佛听到九层楼屋檐的风铎在凉风中悲鸣，我披衣走出屋，任凉风吹拂。我向北端的石窟群望去，"层楼洞天"依稀可辨，那是多么熟悉的壁画和彩塑，它们在月光下闪烁着光芒……在那里有着多么迷人的珍贵艺术啊！如第220窟贞观十六年（642）唐人画的壁画，是初唐的代表作品，是1944年，我和老工人窦占彪一道从宋代重绘的泥壁上剥露出来的，色彩金碧辉煌，灿烂如新，东壁左右的维摩变中的维摩居士的画像，带有晋代大画家顾恺之"清赢"的画风和神态。这是莫高窟所有50余幅维摩变中最好的一幅，这是前人，包括外国人伯希和、斯坦因、华尔纳，以及张大千所从未见识过的。还有第285窟是西魏大统四年（538）和五年（539）修建的，是隋唐以前最为精美完整的中国民族艺术代表窟。修建于宋代太平兴国五年（980）的第611窟的文殊洞壁画《五台山》，更是一幅精美绝伦的艺术佳品。

想到这些，我如果此时离开，把权力交给酒泉的专员、敦煌的县长，这个艺术宝库的命运是不堪设想的。两年多的艰苦岁月，这些洞窟的艺术作品留下了我们的辛勤汗水；而这些艺术珍品也在艰苦环境中给了我们欢乐和欣慰。我决不能离开，我默默发誓，不管任何艰难险阻，我与敦煌艺术终生相伴！

心情稳定了，我的事业心愈加强烈。但当时最困难的是人手问题，只好请重庆方面解决。1947年，由重庆和成都来了一批艺专毕业的男女青年美术工作者。这正是在我准备重整旗鼓而又孤立无援之际，这批生龙活虎的生力军的到来，真使我喜出望外，也增添了我坚持下去的信心。李承仙便是他们中间的一个，她后来成了我得力的助手和志同道合的伴侣。

我们计划集中力量把各个时代的代表性作品都临摹下来，准备将来再办一个较大规模的展览，系统地介绍千余年的中国美术发展演变情况。

大量的洞窟临摹工作开始了，这是一项很艰苦的劳动。由于石窟开凿在一条坐东朝西的峭壁上，而洞窟一般只有一个向东的进光线的门，加上每个洞窟都有一段甬道，所以经过甬道遮掩，真正能照在壁画上的光线就十分微弱了，到下午光线就更加暗淡，对临摹者来说，很费眼力。尤其在寒冬季节，又黑又冷。我们没有梯架设备，没有照明器材，只能在小板桌、小凳上工作，对看不清的地方，就要一手举着小油灯，一手执笔，照一下，画一笔，十分费力。遇到大的画面，还要在梯子上爬上爬下，十分艰苦。特别是临摹窟顶画时，就更加艰苦，要昂着头，头、脖子和身体都成了90度的直角，望着窟顶看一眼，低头画一笔，不一会就会头昏脑涨，有的甚至恶心呕吐。后来，我们群策群力，用镜子反光，使它射到一幅白布上，解决了洞中光线不足的问题，同时也解决了摹写窟顶藻井耗费体力的问题。

戈壁滩冬天来得早、去得晚。每年八、九、十月便下起雪来，正如唐朝诗人岑参诗中所写："北风卷地白草折，胡天八月即飞雪"，"瀚海阑干百丈冰，愁云惨淡万里凝。"在这样寒冷（的）季节，颜料凝结，手脚僵硬，临摹工作只得停下。这时我们便改做专题资料的收集和整理研究工作。就是在这种艰苦条件下，经过大家艰苦努力，我们完成了大量的工作。

到1948年初，我们共按计划完成了：历代壁画代表作选，历代藻井图案选，历代佛光图案选，历代莲座图案选，历代线条选，历代建筑资料选，历代飞天选，历代山水人物选，历代服饰选以及宋代佛教故事画选等十几个专题，共选绘了壁画摹本800多幅。同年8月，这批作品在南京国立中央研究院展出。一些热爱敦煌艺术的进步人士还私人集资在上海彩印出版了《敦煌艺术》图集。

十一　敦煌的春天

　　1948 年 12 月，我曾在上海《大公报》上发表了一篇题为《从敦煌近事说到千佛洞的危机》的文章。回顾当我执笔写那篇文章的时候，正是接到国民党停办"敦煌艺术研究所"的命令以后，经费无着，四五年来与我劳苦相共的职工也因为受不了沙漠上饥寒交迫的生活熬煎纷纷率眷南归。最难堪的是眼看石窟在流沙的侵蚀和堆压中日渐坍毁，没有人，没有钱，没有力量，真是孤军作战，使我束手无策。

　　我在写那篇文章之前，也曾幻想唤起当时朝野的注意和重视，特地携带了几年来摹写壁画的临本，在反动统治下的上海和南京举行敦煌展览。现身说法地想争取人们的同情和对敦煌工作的重视。这一展出虽赢得上海和南京的广大群众的欢迎和鼓励，但当时正在分崩瓦解的国民党政府，威胁着要我把全部敦煌摹本运往台湾。敦煌摹本是十几个美术工作者六七年来在洞窟中所花心血的结晶。我断然拒绝了之后，就悄悄离开上海。

　　当我辗转从上海、兰州、酒泉回到敦煌时已是 1948 年 11 月初的傍晚，是塞外苦寒的开始。千佛洞前，白杨树全都秃头秃脑地暴露在风沙中，落下的树叶，连同沙山中的泡泡刺（一种沙漠中的植物种子）在已结冰的大泉河床中随风打滚，荒凉冷落，没有碰到什么人。我从小毛驴（上）下来时只见上寺的老喇嘛正从中寺走出来。在中寺办公室里，只有两个办事员在梭梭柴的烟火中烤火，见我回来为我让出一个烤火的位子，并为我倒了一杯热茶……"到家了！"我自己思索着。但周围是那样空虚与寂寞，浮在我眼前的是冬天的一片阴暗！两个仅有的干部帮我打扫住屋，生火，点灯。等他们出去后，充满着烟雾的寝室，使如豆的油灯更显得微弱。当时真是"倦旅归来，万念俱灰"的感情，使我的心胸有点梗塞。"打开窗户吧！"我下意识地把纸窗打开了。一股刺人的寒风，把油灯一下吹灭了。等我关了窗，重新点上油灯时，发现窗前桌上已留下一层细细的流沙。"沙！"就是这个沙，它埋没了田地庄园，它压塌了千佛洞的窟檐栈道和洞窟岩层，它曾经使我在夜的戈壁中迷失方向。它使我苦恼，使我厌恶！"沙！"我猛然间仿佛发现了敌人目标似的，为了根除沙患，为了保存千佛洞，我不能中途退却，必须继续不断地干下去。如何干呢？在孤苦无告的沙漠中，只有向人民大众呼吁吧！于是我振作精神，抹去桌上的流沙，开始写《从敦煌近事说到千佛洞的危机》，文章的最后一段，我是这样写的："现在是塞外的深夜，我坐在元代及道光年间重修过的皇庆寺中一个庙廊上写这些琐事，窗外面一颗颗细沙从破了的窗框中拥进来，正是：'惊风拥沙，散如时雨'，那一粒一粒的沙子像江南春水一般，散落在书桌的砚石上，这种沙子是从荒迹大漠，无边无际的瀚海中随着风浪奔腾而来，也就是这种沙子，它盖没了房舍，填塞了水道，在不知不觉中使沙漠上的城市变成废墟，绿树变成枯枝。自古多少远徙边塞，站在国防最前线的卫兵戎卒，曾经在这种黑风黄沙中求奋斗的生存；要使人与自然的战争决定一个胜负，48 年前（1900 年）斯文·赫定在罗布淖尔沙漠中发现的楼兰长眠城，是失陷于纪元后 4 世纪之初，一个为沙子埋了千余年的古城，这正是汉魏没落了的中国政治势力的象征，我们不要小看这种轻微的沙粒，它时时刻刻在进行毁灭千佛洞宝藏的工作，也就是对中华民族文化能否万世永生的一个试探！"

那篇文章刊出后，接连地收到来自祖国各地的好心的读者对我们千佛洞工作热情的慰问。他们给予我们的工作以最大的支持。这种支持使我们仅有的几个坚持工作的同志在生活和社会秩序极度混乱中，不失继续工作的决心和信心，直到敦煌解放，全中国解放的日子的来临。

1949 年 9 月 28 日，敦煌——这座戈壁滩上的古城，终于插上了解放的红旗。人民政府对敦煌千佛洞工作的重视和支持，比三危山金色的阳光还要强烈和炽热。从 1950 年开始，敦煌工作在西北大区和中央文化部文物局直接领导与指导下揭开了新的一页。1951 年春，在人民的首都天安门内 ① 举办了一次规模空前盛大的敦煌文物展览会，内容包括壁画摹本及各种文物共计 1119 件，是解放以来第一次大型的文物展览会。当时配合抗美援朝的爱国主义教育，在首都人民的热情欢迎中，这个展览会在反对帝国主义的侵略、爱祖国、爱祖国文物意义上起到了很好的作用。6 月间，

---

① 编者注：1951 年敦煌文物展览会的举办地应为午门城楼。

展览会结束后，全所工作人员都得到中央人民政府政务院（的）表扬与奖励！这使我们当年来沙漠埋头工作的同志们，受到难以形容的鼓舞和激励。少数解放后闹着要离开千佛洞去另搞年画创作的美术工作者，通过政府的奖励才真正认识到"今后对文化遗产的保管工作为经常的文化建设工作之一"的文物政策法令的精神，才知道千佛洞的发扬与保护不但不是封建迷信的事业，而是具有崇高爱国主义精神的重要工作。目标既明，信心有了，同志们的干劲就更大了。1952 年以后，我们开始着手第 285 窟整窟原大的临摹工作。从这个时候开始，我们用集体操作方法从事大幅的壁画临摹。

1953 年，中央文化部文物局给我们工作的指示中说：敦煌遗产的临摹工作是发扬工作也是研究工作。要了解壁画遗产必须寓研究于临摹之中，通过临摹来熟悉古代艺术传统，从而古为今用，推陈出新，才能进一步发扬优秀的艺术遗产。新的要求和任务改变了我们过去不够严肃地进行临摹壁画工作的态度。通过临摹不但要研究壁画艺术技法，用色用笔，人物的刻画，山水的布局，而且要熟悉摹本的主题内容。一切有关美术史、佛教史、佛教教义、图像学、哲学、佛经等的学习成为必要之务。为了满足这一系列学习的需要，在领导机关的大力支持下，在很短时期内，（我们）收集了国内外一批重要图书资料，使图书资料室从无到有地逐渐建立起来，盼望了多年的研究工作得以顺利展开。

另一方面，从 1951 年在北京展出中，中央有关负责同志们看到我们在解放前以劣质颜料绘制的摹本至今已有褪色变色的现象，认为必须立即停止。因为忠实的摹本也同样起着积极的保护作用。所以临摹用的纸笔颜料务必采用上品，以保证它的历久不变，于是石青、石绿、朱砂、赤金等过去所不敢奢望的材料，现在成为我们临摹壁画的主要颜色。为了直接用宝石来自己研制，我们还添置了一套电动的球磨机。轻便的梯架和明亮的洞窟中的电灯光，都是提高临摹质量，改善工作条件的一系列的措施。

从1950年到1951年的一年中，中央人民政府连续发布了一系列有关禁止文物出口、保护古迹等法令，使人们对于文物有了比较正确的认识。对于敦煌这个历史古城的人民来说也不例外。大家知道，石室藏经的发现，从贪婪的道士王圆箓手中断送给帝国主义和当时地主和统治阶级近2万卷的写经文书及唐宋卷轴幡画。解放前，敦煌文物被劣绅贪官所毁损盗窃，被奸商恶霸作为捐官致富的工具；有一个时期，流散在民间的文书写经有过以尺寸、以行字来零星沽售的行市。1925年美国人华尔纳第二次光顾千佛洞企图盗窃敦煌壁画和彩塑时，被敦煌农民赶走。五六十年来，敦煌的千千万万劳动大众十分知道如何爱护千佛洞和千佛洞的文物。由于新的政策法令的宣布，由于广大人民对于文物的新的认识，许多人觉得这些劫后仅存的一些零星文物与石窟壁画塑像一样，不应据为己有。一个敦煌药铺子里的工人，把两幅唐人画的白描菩萨绢画无条件地捐献出来。一卷著名的唐人写的《说苑》，汉玉门关出土的有敦煌长史题记的汉简，唐代天宝年间胡奴多宝的买人契，宋代木制回鹘文活字，元代也的米矢买人契等许多重要文物都是在解放初期几年中收购和捐献得来的。由于参观群众自觉地对石窟的爱护，任意抚摸和壁上题写的现象已经绝迹。人为的毁损石窟的情况已基本上消灭了！今后的保护工作的中心应该转移到石窟的自然毁损方面。

　　这个名闻中外的莫高窟，修凿在宕泉西岸碛石的岩壁上。这个碛石的岩壁是属于第4纪酒泉系的砾岩，一种由卵石和钙化沙土结合的岩层。地质年代并不太远，易于风化散落。只需灌上一些温水，岩壁就会溶化脱落。幸而这里雨水极少。担心的正如本文开始时所述，风沙的威胁，它一年春冬两次来自西北和东北的季候风，来势大而凶猛。往往一夜风沙，就在栈道走廊或窟门口形成一座沙丘，阻碍交通，有时还导致压塌洞窟。经常性的危害使石窟壁画的色彩和纹样被磨灭。根据这种情况，我们从1951年开始在中央邀请的古建筑维修专家的帮助下，十几年来采取治本与治标相结合、临时与永久相结合、由窟外到窟内的步骤逐步进行。窟外部分分成抢修、加固、设置洞窟门窗、修造防沙墙根本治沙等几个步骤逐年实施进行。窟内部分，采用卡塞因和阿古立拉等化学混合液的注射，消灭近年日益严重的画壁发松、起甲、发霉、脱落等现象，同时修理补充残缺壁画。这十几年来窟外部分已完成了抢修、加固、设置洞窟门窗、修造防沙墙等治标的工作。现在除正在准备洞窟本身进入全面基本建设的设计和施工步骤外，在科学院治沙队和包兰铁路治沙专家的大力支援下，进行对鸣沙山根本治沙的设计和施工。估计在两个五年计划之内，从固定流沙到植树造林，将完全改变自然面貌，根本杜绝沙患。这是中国人民在世界文物工作史册中一个足以自豪的空前壮举！

配合这些积极的措施，我们还进行了编辑出版文献记录资料性的工作，其中包括 100 册之巨的《敦煌石窟图录全集》。这个全集将包括有 1.5 万多张图片，把石窟艺术宝藏全部资料公之于世。

敦煌，因为它的石室藏经的发现，曾经是帝国主义分子和冒险家争夺宝藏的中心；帝国主义所谓专家将数以千万计的石室藏经和唐宋卷轴幡画等盗窃到手后，即无耻地纷纷以盗窃所得的赃物竞相炫耀，据为己有，从而卖弄渊博以夺取名利，以充实掠夺成性的帝国主义的文化财富。清政府和腐朽的统治者与掠夺文物的帝国主义分子一般，自 1907 年斯坦因盗窃之后，把这座民族艺术宝库弃置了几十年，任其毁损盗窃不闻不问。敦煌艺术回到人民的怀抱还是新中国成立以来十几年的事。千余年来，中国美术，自来都是为封建帝王服务的，一些御用画家偶有所作也藏之秘阁，不可能为劳动大众所见到。因此历代中国艺术史，都只有文字叙述而没有作品的流传。敦煌艺术是宗教的艺术，但也是民间民族的艺术。虽然有人至今还否认它是正统的中国民族传统，但征诸画史和近年出土的汉唐墓室壁画，敦煌艺术是 4 世纪到 14 世纪一脉相承的民族艺术传统。虽然敦煌壁画制作技术与宫廷卷轴画有所不同，但它所反映的基本技法还是足以代表各时代的民族风格。这一座包含从北朝到元 1000 多年丰富内容的 486 个洞窟的壁画，系统而完整地补充了《历代名画记》和《图画见闻志》等画史所没有的插画图录，补充了宋元以后就散佚了的历代名画真迹，有力地复活了湮没数百年的中国美术史。补充了这一长段缺陷之后，现在我们可以上接汉代出土墓室壁画，下连永乐宫、法海寺等地明代的绘画和清代的绘画，一直和近代衔接起来，连成了一部完整的以图画为主的中国美术史！这对于总结中国艺术遗产推陈出新有多么大的作用呀！这使我们长期在沙漠中埋头工作着的同志们更清楚地看到我们任务的重要性，也同时增加了我们的信心！这是敦煌的春天！我们充满了决心和信心，幸福地工作着。

十二 "敦煌文物展"在北京

为了宣传敦煌艺术，中央人民政府文化部决定在首都北京举行"敦煌文物展览会"，从 1950 年年底即开始了筹备工作。筹备工作是在中央文化部国家社会文化事业管理局郑振铎局长和王冶秋副局长亲自主持下进行的，并且组织历史博物馆、北京大学、清华大学、美术学院、考古研究所有关学者和敦煌学专家，历史、考古专家教授向达、王重民、傅振伦、徐悲鸿、邓以蛰、陈梦家、梁思成、周一良、周叔迦、夏鼐、王逊、沈从文、阴法鲁、潘絜兹、傅乐焕、阎文儒、宿白等给予指导。由李承仙及历史博物馆的同志们负责编排、布置一切展出日常工作。历时 4 个月，于 4 月中旬筹备就绪。开幕之前，郑振铎局长召集首都有关敦煌学及敦煌艺术研究专家，在团城开了一次会，报告了敦煌文物展览筹备的经过，指出敦煌石窟艺术是敦煌学的重要组成部分，也是祖国民族艺术自 4 世纪到 14 世纪前后 1000 年中，中国佛教艺术发生发展的根源，是无比重要的民族文化遗产的宝库，而这个宝库，像石窟秘藏一样，曾被帝国主义者用胶粘、斧剥等进行盗窃和破坏。只有在人民政权之下，劳动人民的艺术创作与文物，才能得到保护，而不令其遭受掠夺与破坏。这便是敦煌文物展览的主要意义。郑振铎局长的讲话，受到专家们热烈的欢迎。郑振铎先生是我 1927 年去法国之前，早已认识的文艺界的长者。1924 年在杭州梅花碑旧书店同我第一次会见时，他手里挟着一个大包袱，里面包着他从旧书店里收购来的明清善本书。他笑着问我："你喜欢《小说月报》吗？"许杰同志告诉我："他就是商务印书馆出版的《小说月报》的主编。"我说："我喜欢看《小说月报》的小说。"郑振铎说："那很好。我以后给你寄几本。"他回去以后，果然寄给我好几本当时商务印书馆出版的《小说月报》《妇女杂志》和《东方杂志》等。从此引起了我对新文学的爱好。所以当 1948 年 5 月，我在上海举办"敦煌艺展"时，郑先生和刘海粟先生特地到"大新公司"展览会场来找我说，这次展览会在上海美术界的影响很大，办得很好，郑振铎先生还表示，想把全部展品用珂罗版印刷出版。我当时计划出彩色版但没成功。但这时郑先生已编排了敦煌壁画选辑，并有信心地表示，有一天一定能实现我们的计划的。

由于有领导和同志们的帮助，展览筹备工作进展还是快的，到 1951 年 4 月初，筹备工作已经接近完成。

4 月 7 日上午 9 时许，那是一个星期日的上午，展览会的布置已接近完成，同志们正在休息，展览会场只有我一个人在校对整理展品。忽然接到中南海打来的电话，说："今天下午有一位处长级的领导要来展览会场参观。"我说："今天是星期日，同志们都不在会场。"打电话的同志问："你是谁？"我说："我是常书鸿。"那人回答说："只要你来接待就可以了。请你在下午3时准备接待，不要外出。"这天下午2时，我来到午门楼上，望着天安门进口。当时天正下着蒙蒙细雨，2点半钟，我看到一辆小轿车从天安门朝着午门开过来，最后停在午门楼下，警卫员先从车中走出来，并把他带着的一件淡蓝色雨衣，披在下车的首长身上。我和张秘书同时走到箭楼台阶上迎接。我们发现健步走上台阶的正是我们敬爱的周总理。他看到我们没有拿伞，站在细雨中等候他的到来，就马上把披在肩上的雨衣脱下来交给警卫员。我们见到总理，总理马上紧紧地握住我的手，热情地看着我说："早已知道你了……记得还是在1945年，我在重庆七星岗也曾看到你们办的敦煌摹本展览会……已五六年了，但那次只有一二十件展品，现在规模大得多了……"我说："我也知道早在五六年前，总理就对我们的工作给予支持和鼓励，正因为您的鼓励和支持，我们才得以继续工作。"这时总理满意地望着午门楼上大厅里张挂着的数以百计的摹本和展品及经卷文物等，它们引起了总理的关切和兴趣。

总理边看展览边对我说："敦煌很重要，我们自1945年在重庆见到你们初步的临摹工作时，就鼓励你们要在困难中坚持工作……直到今天看到你们如此丰富的业绩，我是非常高兴的！"我当时亲聆总理的教诲，感激得说不出话来，只是说了句："我们虽然做了一些工作，但离党和人民对我们的要求，还是很不够的！"

总理爽朗地说："不，决不是这样！你们长期在敦煌艰苦的环境中，做了不少工作。看了你们这许多临摹作品，想象敦煌艺术的发展，一定有一个全盛时期，我想请你讲一讲为什么会这样发展呢？"我说："我过去是学习希腊罗马时期西洋美术史的，对于祖国的艺术毫无所知，这几年虽然在敦煌用心研究，但我学习得很不够，只能简单地说说。因为敦煌艺术，是汉魏以来佛教自印度传入后，中国民族造型艺术突飞猛进发展的结果。在此以前，中国古代艺术，主要表现为墓葬壁画、明器俑人以及祭祀时用的器皿等，留下了古代考古文物资料。自汉武帝派张骞出使西域后，随着佛教的传入，佛教艺术也相应地由天竺通过丝绸之路传入中国。使原来为封建统治阶级歌功颂德、鉴贤戒愚的主题内容，改变为宣传佛陀一生及佛陀在成佛之前的芸芸众生。只要善男信女一心念佛，人人都有进入西方极乐世界的希望！大乘佛教与早期印度教不同之处，在于它不分贫富贵贱，简单的念佛修行就可以得到解脱，所以佛教就越来越符合广大农民群众的希望和幻想，成为世界宗教之一。宣传这种来自印度难明难解的异国佛教教义，就需要用艺术的手段来加以烘染，这就是地处丝绸之路要隘的敦煌佛教艺术经过千余年的不断产生和发展，因而才能够留传给我们如此丰富而且灿烂的佛教艺术遗产的主要原因。"总理一直在注意听我讲，有时对着展出的摹本不断地点头。他对第 428 窟北壁北魏飞天的摹本感到笔触用色非常有力。他说："我看这和云岗、龙门石窟雕刻一样，其气势之雄伟，造型之生动，使我们体味到中国艺术的'气韵生动'四个字。从敦煌壁画摹本看来，表现得更加突出！"总理停了一刻继续说："当然，雕刻在石头上的表现的是刀斧之功，这里在壁画上却是笔墨之力，南齐谢赫的‘画有六法’是当时评选中国创作的标准。想不到在敦煌壁画中得到了印证！"总理对敦煌艺术的高论，使我茅塞顿开，欢喜赞叹，真是胜读十年书！总理现在又回过来看北魏第428窟董希文临摹的"降魔变"。他对这张画，很感兴趣，他在仔细地欣赏魔兵外道的服装和魔女变丑妇的描写时说："这些笔触，颇有龙门二十品、魏碑上龙飞凤舞的气魄。"他说："有些神鬼的造型，使我想到——可能你也记得，巴黎圣母院屋檐上装饰着的怪兽的造型。"总理高瞻远瞩地一语道破了敦煌北魏艺术颇有罗马哥特式艺术的意趣，以及与15世纪欧洲文艺复兴时期哥特式艺术交相辉映的关系。真是千真万确的论证。因为欧洲文艺复兴是希腊、罗马文明与欧洲中世纪比较落后的少数民族哥特人的原始文化相结合。这时候在中国，汉族文明与西北少数民族鲜卑族相结合而形成中世纪北魏时代的佛教文化艺术的兴起。我向总理表达了自己肤浅的不成熟的看法，在这个意义上说，是否也算中国文艺复兴的一个征兆？汉代的张芝，晋代的王羲之、陶渊明、顾恺之等在书法、文章、绘画各方面全面兴起的时候，也是敦煌石窟创始的时候。酒泉张芝也是驰名南北的书法家。敦煌石窟除壁画外，藏经保存了数以千万计的文书绢画，创造了无数的珍宝。所以我们可以说，敦煌世纪，实际上表征了中国文艺复兴一个世纪的产物。所以当时我大胆地在总理面前提出了"敦煌世纪"，正是标志着"中国文艺复兴的世纪"的不成熟的意见。总理笑着对我说："那也是一家之言罢。这一问题，我们必须要和研究敦煌学的同志们共同探讨，因为这关系到民族文化历史的一个严肃的学术问题，要大家根据研究成果，提出各自的看法，进行学术性的讨论。这是非常重要的，因为人家盗窃了敦煌的文化艺术宝藏，一到他们国度里就进行'敦煌学'的研究，我们反而默默无所作为，那我们还能算是一个中国人吗？"总理亲切的教导，依然像昨天刚讲过的那样留在我的记忆中。

　　总理在看到第257窟鹿王本生故事画，以及第428窟北魏舍身饲虎那一条用"之"字形连环发展的长幅故事画时，惊异地对我指出："这不是我们古代的连环故事画吗？这种用卷轴式横幅展开的连环画创作方式，为什么不为我们今天被称为'小人书'的儿童读物所采取呢？为什么在这方面不'古为今用、推陈出新'呢？面对如此宝贵的民族艺术遗产，你们应该当仁不让地振臂一呼，使敦煌石窟艺术宝藏在我们这一代获得新生。"面对总理对我们的鞭策和期望，我当时表示一定要把总理的指示，在工作中贯彻下去。总理好像发觉了什么似的，望着我继续说："当然，工作是一步一步来的，你们七八年在沙漠中艰苦地工作和生活，主要的任务就是保护敦煌文物，介绍宣扬敦煌文物，尤其是开凿长达1公里崖壁上的四五百个布满了千百年前古代艺术家创作的雕塑和壁画的石窟，从今天我看到的几百幅壁画摹本，已可看出，你们做了非常宝贵的贡献！古为今用，推陈出新的工作是需要我们大家来做的……"接着我给总理继续介绍敦煌隋、唐盛世的大幅壁画。总理对这些精美的壁画，十分欣赏。他说："通过你们的摹本，使我认识到：中国唐代壁画与佛教内容相结合之后，绘画题材广泛了。"

既吸收了域外的因素，又发挥了民族传统的敦煌唐代艺术，应给以很高的评价。我在一些飞天的摹本上强调了吴道子的"吴带当风"的飞天特色，也是根据这种吴带的出色描写。唐代及以后的"飞天"无不临风起舞，婀娜多姿，这表现了南齐谢赫所强调的"气韵生动"的特色。我又向总理指出：与吴道子差不多同时专作佛画的画家曹不兴，他是以描写犍陀罗塑像的衣褶闻名的画家，那种僧人穿着紧贴在身上的袈裟的描法，被称为铁线描。因此，当时评论家以"曹衣出水"称赞曹不兴，而称宽松的衣褶为"吴带当风"。这说明了唐代很多著名画家都以佛画出名，也说明当时佛教艺术在朝野的风行。敦煌壁画中出现大幅"西方净土变相"等构图，也在这个时期发生和发展起来。壁画中的所谓变相，是根据佛教经典，把其中所叙述的信仰中心，或是依据佛传或本生故事等的局部画出来。但经典内容讲教义的多，抽象难懂，画家挑选其易于表达的故事发生的地方或其他容易图表的部分表达出来。如"西方极乐世界"被描绘得像天上宫殿那样的富丽堂皇，佛和菩萨、飞天、伎乐、七宝八珍等有声有色无不包罗在内；又比如说某一尊佛以及他的侍从和他们在净土区域内种种活动，用一幅完整的构图表现出来。……这样就使敦煌艺术成为丰富多彩的佛教艺术的宝库。总理对敦煌艺术予以高度的评价说，这是中国古代封建社会所创造的文化，通过你们长期在艰苦的环境中所摹制出来的作品。当然，在敦煌400多个洞子中还有更了不起的东西，对于这些古代文化，我们必须像对待生命一样地把它们很好地保存下去。正如毛主席所说的，保存下去是为了批判地吸收它们民主性的精华，作为我们从此时此地的人民生活中的文学艺术加工成为观念形态上的文学艺术作品时的借鉴。另一方面，通过这次敦煌文物在北京的展览，要全国人民知道古代劳动人民的伟大创造。人民的伟大，祖国的伟大。

最后，总理跨入了第三陈列室——"历年帝国主义者劫夺敦煌文物罪证"，这里除了一张 19 世纪帝国主义劫夺我国珍贵文化遗产的表格外，还陈列了被盗窃去的新疆和敦煌一带的壁画、绢画的照片百余件，还有重要的文书的照片等。总理说："这很好，这些铁一般的证据，雄辩地说明了帝国主义者近百年来用各种方法，巧取豪夺我们祖先遗留下来的珍贵文物，破坏我国的文化。为了保卫祖国，为了保卫祖国伟大的文化遗产，我们必须同仇敌忾。举国动员起来进行抗美援朝。这个展览会必将起到激发我们爱祖国、爱祖国灿烂文化的作用。因此，你们多年来在沙漠中艰苦地工作，今天已在一定程度上起到了团结人民、教育人民、打击敌人的作用！"总理临别前还亲切地问到我们工作上有什么困难，并鼓励我们要再接再厉，要一辈子在沙漠中把敦煌文物的保护和研究工作干到底。我当时以激动的心情，向敬爱的总理做了坚决的保证。

敦煌文物展览会于 1951 年 4 月 10 日在北京午门楼上举行预展，招待中央政府有关首长及艺术文物工作者 200 余人参观，13 日起正式公开展出。政务院文化教育委员会主任委员、中国科学院院长郭沫若同志于 3 月 18 日亲临指导，并当场题字："这样大规模的研究业绩值得钦佩，不仅在美术史上是一大贡献，在爱国主义教育上贡献更大。郭沫若 3 月 18 日。"

当时《人民日报》除出了敦煌文物展览会一整版图画和文字的专刊外，还由柏生同志——《人民日报》记者——撰写一篇题为《艰苦工作八年的敦煌文物研究所工作人员》的专文报道，6 月 6 日在展览会结束前，中央人民政府再一次隆重给予我们全体工作同志以奖金和奖状。奖状宽 4 尺高 2 尺，由潘絜兹同志画了敦煌唐代图案的边饰，由郭沫若副总理亲笔书写。

十三 向国外介绍敦煌

1951 年秋，为了促进中印、中缅两国人民间的友谊和文化交流，应印度和缅甸两国政府的邀请，我国派出一个文化代表团访问印度、缅甸。代表由 30 多名从事科学、文化事业的专家组成。丁西林、李一氓为正副团长，刘白羽为秘书长，团员还有郑振铎、季羡林、冯友兰、钱伟长、狄超白、张骏祥、周小燕、吴作人等，我也被聘为代表团成员。

这是新中国成立以来规模较大的一次代表团出访，为了保证这次加强与邻邦之间文化联系和友好交往的访问成功，我们在北京集中进行了 3 个月的学习、研究和进行必要的准备。在此期间，敬爱的周总理曾对我们做了多次亲切的指导。有一天，他笑着对我说："你这次带着敦煌艺术去印、缅访问，既要'献宝'又要'取经'。看来你的任务不会比唐代高僧玄奘西游轻多少呀！"总理的教导，给我宝贵的启发和鞭策，也给了我信心和力量。这次学习准备期间，还对中印、中缅两国文化艺术悠久的历史渊源及密切的交流关系有了新的认识。

过去，我们由于各种因素、条件的限制，对敦煌文物涉及的历史、美术、宗教、中西交通、民族关系等方面的问题很少下功夫研究，尤其对来自印度的佛教和佛教美术的演变、发展情况，研究得更不够，只是凭一些书籍、资料获取的理性知识，缺乏具体的感性知识，这次能亲自去实地进行考察和学习研究，真是机会难得，一定要像总理教诲的那样既"献宝"又"取经"，进行文化交流。

1951 年 10 月至 1952 年 1 月，我们在印度、缅甸分别进行了为期两个多月的友好访问。我们携带的展品有介绍新中国面貌的各种图片，有一批珍贵的美术工艺品，有新中国成立以来的影片和敦煌壁画摹本等。访问期间，我们参观了印、缅两国数以百计的文化古迹、学校以及艺术、科学等有关单位。在印度德里、孟买，缅甸的曼德勒等城市，分别举办了新中国建设成就和敦煌艺术展览。配合展出，我们又举行了各种学术性的座谈会、报告会。

我根据组织上的安排，在印、缅都做了敦煌艺术的介绍及学术研究报告，并和印、缅的有关人士进行了友好的文化学术交流。印、缅人民对敦煌艺术展览和学术报告都很欢迎，对中国还完好地保留着如此完整、悠久的佛教艺术，他们感到非常惊讶，表示敬佩。如第 61 窟宋人画的佛传故事《燃灯佛授记》《乘象入胎》《树下诞生》《涅槃》《分舍利》等 32 幅壁画摹本，他们赞美这是全世界佛教艺术中的盖世之宝，珍贵之极。特别是画中人物服装都改成了宋代的民族服装，并以中国的绘画艺术风格，描绘得生动自然，栩栩如生，使他们赞叹不绝。

在和印度朋友的交谈中，印度当时的国家考古局局长深有感触地对我说："你们至今完好地保存着敦煌 400 多个自 4 世纪到 14 世纪的宝窟，壁画的颜色也还如此鲜明艳丽，真令人羡慕。而我们，虽然有阿旃陀那样世界闻名的佛教艺术宝库，却只有 29 个洞窟保留了一些残破的壁画，就是这点残存的壁画，在英国人统治时期，以保护为名，被全部涂上了凡纳西（一种清漆），结果已变得黄褐一团，什么也看不清楚了。"说到这里，他露出十分伤感的表情，他最后愤慨地说："这说明我们印度过去没志气，样样都听任外国人的摆布，连自己的国宝都保存不好。"

我最后很激动地对印度朋友说："现在，新中国成立后，政府对敦煌艺术文物十分关心、爱护，对我们文物工作十分重视。目前已大力增加经费和人力、设备，对敦煌进行大规模研究、保护。我们一定把敦煌文物保护得更加完好。"他们频频点头称赞："新中国真伟大！"

1957 年末至 1958 年初，应日本《每日新闻》社和日中文化交流协会的邀请，我们敦煌艺术展览工作团一行四人访问了日本。1月5日至2月16日，敦煌艺术展览先后在东京和京都展出。我为团长，李承仙作为团员也同行。

这次共展出300多件摹本展品，其中包括第285窟整窟原型摹本。在一个多月的展出期间，受到10万多人次的观摩和赞赏。广大观众特别是日本文化界同行的热烈反应，给我留下极其深刻的印象。

在东京展览会场上，我见到了《敦煌画之研究》的作者松本荣一先生，他紧紧地握住我的手说："今天亲眼看到你们这样丰富的艺术展览会，我才感到我知道的敦煌艺术真是太少，太片面了。我只是根据伯希和的《敦煌石窟图录》和斯坦因的有关敦煌报告中的插图，写成这本书的。我所依据的那些照片，都是很小的、单色的黑白照片。今天看到你们原大原色的杰出摹本，使我受到很大启发。感谢你们这次展出。"

日本美术史家今泉笃男先生说："我们多少年来埋头于埃及、希腊、罗马等西方古代美术史的研究，了解西方世界人类艺术创作演变的历程，却没有料到敦煌北魏时代壁画具有那样朴实浑厚而又富于表现力的风格。在这种风格中，不但可以寻觅到汉晋绘画中'气韵生动'的传统，而且可以看出北魏早期敦煌壁画那种大刀阔斧的气魄，可算是20世纪现代派绘画的祖先。"

日本现代美术评论权威柳亮先生说："从敦煌早期壁画中，可以体会到埃及墓中壁画的风尚，可以看到拜占庭艺术，可以看到罗马艺术风尚……不管希腊、罗马艺术如何崇高……我说敦煌艺术是虎虎有生气的东方人类文明的曙光，是20世纪现代绘画的祖先。"

考古学家驹井和爱教授说："战后日本青年，一味崇拜希腊、罗马，……好像东方没有什么古代文化可以学习研究似的，在参观了敦煌艺术展览之后，他们都惊叹敦煌艺术的高超，同时也认识到自己过去崇拜西方文明的盲目性。有些人看到敦煌唐代壁画艺术后，才进一步认识到古代日本和中国是同文同艺的。原来日本飞鸟、奈良时期的古文化即是从中国隋、唐时代传来的。日本法隆寺阿弥陀净土变中的佛、菩萨像与敦煌壁画俨然同出一体。……这一切，可以说是历史的见证，今后，我们应该面向东方，在东方民族文化基础上发展我们的新文化。"

日本考古学界权威原田淑人博士说，敦煌艺术是日本艺术的源泉。日本天皇裕仁的弟弟三笠宫先生参观后说，敦煌艺术是日本美术的原形。日本《每日新闻》还刊出了《敦煌东洋美术宝库》专页。日本友人还将日本8世纪到17世纪千余年间著名绘画与敦煌相应时期绘画相比较，把它视为研究中日文化交流的非常有说服力的资料。

通过座谈、讨论、讲演以及广播、电视、出版物等渠道，我们与日本的朋友进行了广泛的交流，收益很大。

十四　夏天的敦煌

在敦煌，夏天是一年中最美好的季节。

莫高窟前大泉的冰河刚刚化冻，三月间和暖的春风和炽热的阳光，匆匆地把树上的榆钱和地面的苜蓿首先在灰黄的砾岩间点缀出嫩绿的新芽。接着杏树和梨树的枝头也迫不及待地开放出与枯枝很不相称的艳丽的鲜花。在冬天以后就不知去向的黄鸭子，这时又在有九层楼高的岩石的隙缝中，孵育它们的小雏鸭。蜜蜂和小鸟的鸣声与树荫路旁水渠中的青蛙的叫声，把静静的千佛洞弄得有点闹意。于是莫高窟前千百枝的白杨和垂柳，一直到银灰色的沙枣，在一个星期左右的时间中迅速换上了嫩绿的新装；于是长满在岩泉的沙滩边的马兰和红柳也开出了花朵……最后，那具有西域情调金黄色的沙枣花，那浓郁的香味，送来了农历四月初八释迦牟尼诞生的浴佛节的庙会。

这时候粮棉已下了种。春忙季节已告一段落，社员们乘着农忙间歇的空隙，喜欢利用这个传统的节日，乘汽车、自行车、牛车、驼、马等各式各样的交通工具，携儿带女，带了野餐的锅灶，吃的、用的、玩的，在新店子到千佛洞的30里的马路上络绎不绝地连成一条走马灯一般的行列。爱玩好闹的青年男女还随带着板胡丝竹，三三两两地坐卧在白杨树的树荫下，或淙淙不绝的泉水前，一时歌声和郿鄠曲牌的音乐此起彼伏……爱俊俏的敦煌农村姑娘，头上戴着各式各样的塑料发卡和绸带，在沙滩边上收集野马兰的花束。

在庙会的时候，敦煌县商业局还组织了临时菜饭点心铺，供应游客的需要。但来自农村的老乡们，还是喜欢将自己带来的小锅小灶，用树林中捡来的枯枝败叶，在泉水畔，树荫里，简单地用土块或石头架起锅灶，就地野餐。在这里，可以听见流行在甘青间的"花儿"唱、"二人转"和郿鄠戏……直到新月的斜影照射在岩泉上发出闪闪的寒光，戈壁滩夏夜袭人的寒气，才使热闹的白昼慢慢静寂！

四月初八庙会一过，来自各乡的劳动人民，在此游息了几天之后，就像来时一样的突然，又匆匆地回到自己的岗位上去。

当敦煌夏天的阳光越来越显得炎热时，东风起处，那些娇嫩香艳的春花，像过眼烟云一般，一刹那消灭干净！于是杏树、梨树、桃树、枣树，都在油绿绿的树叶下面露出茁壮的果实，白杨与榆树长满了青葱茂密的枝叶……人们一进三危山的峡谷口，就可以望见鸣沙山与三危山之间的金色沙漠中的一条青葱美丽的"织锦"！

夏天的敦煌，太阳从早上 5 时在三危山中升出来之后，一直到晚上 10 时，太阳才从鸣沙山背后落下去。在长夏的日子里，太阳每天挂在天空整整有 17 个小时。在这些日子里，在幽暗的石室内部，由于烈日反光的缘故，不用电灯也可以观望壁画和塑像。夏天，敦煌沙漠中的气候也显得特别！中午，在太阳下的温度可以直升到 40 摄氏度以上，如果你愿意的话，用一个鸡蛋埋在晒热的流沙中，不到 10 分钟就可以烤熟。但这里的空气却是那么干净，那么纯洁，人们只要在阳光射不到的树荫下，就会觉得凉爽轻快！在房屋中，只要关闭了窗户，放下竹帘，不使阳光射入，室内总是那么清凉！经过半天的劳动，在午餐之后，在静悄悄的连小鸟也不啼一声的环境中，小睡片刻，真是一剂消除疲劳的良药！人们在午睡醒来后喝一杯在千佛洞到处皆是的甘草凉茶，真是精神抖擞，暑气全消！于是同志们三三两两地拿着夹衣，甚至带着棉袄或老羊皮，背着工具箱，穿过窟前的热的流沙，走到用柏油铺的林荫路上时，就会感到很凉爽，等走到洞窟门口时，人们就要准备受一股冲出来的冷气的袭击，于是披上夹衣或棉袄……这时，人们用清醒的头脑，在自己的岗位上，临摹、摄影，或作记录研究，继续工作。等完成了下半天的工作出来时，傍晚 6 点钟的太阳还是那样矫健，人们喜欢再用一点时间在集体的蔬菜瓜果地上转一下，如有成熟的好瓜和该摘的鲜菜，就一起交给管理员，准备晚膳后，大家在晚凉中围着桌子吃一阵比哈密瓜还要香甜的"古瓜州"的好瓜——我们自己辛勤劳动的成果！这时候人们最能体会到西北流传的一句耐人寻味的口头语："早穿皮裘午穿纱，围了火炉吃西瓜！"

十五　敦煌新姿

　　我在 1943 年来到敦煌千佛洞，至今已整整 23 个年头了。为了保护和发扬这个偏处在沙漠塞外的民族文化遗产，我度过了多少难忘的日子啊。那时候，国民党反动派的军队抢购物资，敦煌城里商店全部罢市，萧条冷落，连我们生活上必需的碗筷锅盆都无法买到。我们第一餐吃饭是用戈壁上红柳条做的筷子。为了柴面油菜，为了减少风沙的侵蚀和威胁，为了解决当时塞外难以得到临摹壁画用的纸笔颜料，无论是严寒盛暑，风沙月夜，我们往返城乡，跋涉流沙戈壁，真是身疲力竭，叫苦无门。而且，谁知道后面还有多少艰难困苦等着我们呢？

　　当时为了保护石窟，凭着一股工作热情，不管一切困难，借了钱，雇了 100 多个人，沿着千佛洞，造了一堵长达 800 米的围墙。再加上其他去沙、修洞口、造走道的栏墙等，弄得工资都发不出，生活难以维持，到处借贷，到处还不了。在国民党统治下的暗无天日的时代，敦煌工作中的甘苦，真是一言难尽。

　　苦难的日子终于熬过来了。我永远不能忘记 1949 年 9 月 28 日，敦煌解放了。我们在一个秋高气爽的早晨，迎接打垮了国民党反动派来千佛洞参观的中国人民解放军。他们的热情和对我们的鼓励，把我们在旧时代积下来的痛苦心情一扫而光。敦煌解放不到 1 个月，我意外地接到来自北京的西谛同志（郑振铎）的信。1948 年敦煌艺术在上海展出时，西谛同志曾给了我们很大帮助，这位热爱祖国文化艺术的同志，今天，又是他，第一个从遥远的首都来信对长期在沙漠中工作的我们致以慰问。他的慰问信，使长期在沙漠边工作的同志们，得到很大的鼓舞！它使我们感到党对于文化工作的重视，给我们坚持在敦煌工作的同志，增加了无限的信心和力量。

为了贯彻推陈出新的方针，在临摹的基础上，制作了新的壁画和彩塑的尝试。对于壁画起甲、变色、脱落也在开始进行科学研究，采取措施，加强保护。其他如石窟历史的分期和排年，我们应用考古学上的层位学的方法，认真进行工作。石窟的档案也在逐步充实。大型石窟全集的编写在经过长期准备后，在探索中开始出版。为了配合沙漠中研究工作的需要，一个掌握有两万多张照片和近两万册书籍的完好的资料室也建立起来了。资料室藏有敦煌遗书的显微胶卷，和五六百卷各时代重要写经和古代文书，还有一些唐代的绢画和历年在千佛洞遗址前面发掘出来的文物。洞窟的总数已由1943年初来时的309窟，增加到490窟。许多新发现的洞窟，为我们提供了重要的壁画塑像和有纪年的重要题记。这些新的资料，对我们研究工作，有不小的帮助。

1962年开始，我们国家以一笔巨额的资金，为千佛洞的彻底维修、加固，进行大规模的工程建筑。解放以来的16年，差不多每年都进行洞窟的维修。1954年，洞窟安装了电灯，配给了汽车，逐年维修了栈道和窟檐。但是，这个久经沧桑的古老洞窟，经过一千数百年的自然及人为的毁损，病害的情况是严重的。1962年，北京来的工作组，集合地质勘探、防沙、美术、古建筑各方面的专家，对洞窟进行缜密的考察，最后发现因风化和洞窟掏空所引起的岩壁自身的水平和纵向裂缝的病害，如不彻底加固，可能发生塌毁。经过缜密的勘探设计和研究，我们请来了100多个专家和熟练工人，用钢筋混凝土和花岗岩片石砌起大面积的砌体，用作支顶和推挡有病害的洞窟。到现在为止，一共加固了261个洞窟，用7000多立方米的挡墙和梁柱对363米的岩壁做了彻底的加固。这项巨大的工程，不但对洞窟本身起到了加固作用，同时也解决了洞窟壁画经常受到风沙、雨雪和日光侵蚀的问题，从而使壁画彩色免于变色脱色。为了安全解决洞窟之间的交通往返，现在我们用钢筋混凝土和花岗岩片石砌体，代替唐代文献上记载着的"虚栏"或"栈道"。

如今，当我在雄壮坚实的混凝土的新建的栈道上巡礼浏览时，比比解放前我们用泥土树枝拼拼凑凑的木桥土墙，不由得使我热泪盈眶。

早晨，我在金色的晨光中，踏上一层层装好了钢筋混凝土的围栏栈道，看蓝天白云，葱绿的林荫路，从淙淙溪流中反映出灰白色的庄严又美丽的层楼重阁，仿佛走进了《天方夜谭》中一样，忽然发现我是站在一座雄壮伟大的古代艺术宫殿，一个包含了25公里长的（4.5万平方米）壁画的、经前后1000年继续不断创作的伟大的画廊上……

我们可以看到，千佛洞的工作一年比一年发展得快。当然，前面还有许多工作，等着我们去做，我们一定要把工作做得更好。

出版后记

汇聚名家名作、传承人文思想是湖南文艺出版社的传统。2017年，闻悉常书鸿先生毕生著作正在整理当中，经陈志明先生引荐，我社与常沙娜教授取得联系，并达成出版《常书鸿全集》的共识。随后，在诸多师友和研究机构的关心和支持下，《常书鸿全集》列入"十三五"国家重点图书出版规划项目。五年过去，全集文字部分几经补录、修订，图片不断梳理、甄别并扩容，十卷逐一成形，终于迎来付梓问世的时刻。

这套全集完整呈现常书鸿先生在敦煌学领域的非凡成就、在绘画艺术中的远见卓识，以及他饱含爱国热情、久经戈壁风霜的传奇人生。为方便读者领略常先生多种成果，查阅常先生各类作品，全集以文章所涉题材和体裁为分卷标准，分为如下十卷：卷一《敦煌莫高窟艺术》收录常先生关于敦煌莫高窟艺术的概述性文字，介绍其源流、内容和特点等；卷二《敦煌壁画漫谈》收录其关于敦煌莫高窟壁画、图案等的论著；卷三《敦煌彩塑纵论》收录其简述、研究敦煌彩塑时代特征和艺术成就等方面的文章；卷四《新疆石窟艺术》收录其对新疆石窟实地调查而写成的完整著作，介绍古龟兹国、古焉耆国和古高昌国这三个地区的石窟分布、创造年代和艺术特点；卷五《敦煌的光彩——常书鸿、池田大作对谈录》收录其与日本知名学者池田大作对谈的内容，涉及敦煌艺术和文化交流；卷六《敦煌，敦煌——常书鸿自传》收录其个人自传、大事年表和著述简表；卷七《从希腊到中国》收录其不同时期的译著、译作，主体内容为常先生受郑振铎委托，翻译的法国历史学家格鲁塞关于中西方文明的文化随笔集；卷八《真与美散记》收录其散文、艺术评论、书信等；卷九、卷十分别为《常书鸿画集》的上下册，上册收录其油画作品，下册收录其水彩、水粉作品，临摹作品和素描作品。为清晰再现常先生艺术成长、学术成就之路，各卷图文主要以发表、创作时间的先后排序。可以说，这套全集基本覆盖了常先生一生著述的各个方面。

需要说明的是，全集在编辑过程中，充分尊重常先生作品的本来面貌，相关文字尽可能参照敦煌研究院 2004 年所编的《常书鸿文集》，但由于汉语的发展、知识的更新，此套全集依据现行的出版规范，对相关内容进行了如下处理：（一）对错字、漏字、古字、异体字等进行订正；（二）对个别不准确的史实和表述，以"编者注"的形式予以辅助说明。

回望全集的出版过程，起步艰难，途中曲折，其间冷暖，难以言说。是常书鸿先生奔赴敦煌的决心，召唤我们排除万难、全力前行；是常先生坚守大漠的韧性，勉励我们埋首书堆、耕耘至今。这一路，我们始终被"敦煌守护神"的精神所滋养，也被诸多关心敦煌学成果整理的机构、人士所感动——饶宗颐先生、樊锦诗院长、柴剑虹先生百忙之中多次给予专业指导，常沙娜教授九十高龄仍为推动全集出版不遗余力，赵声良书记及敦煌研究院倾力支持画集编选、正文配图，霍旭初先生和新疆维吾尔自治区克孜尔石窟研究所为卷四提供大量照片，陈志明先生多年来持续发掘常书鸿尘封之作……另有许多无声或有形的扶助，因篇幅所限，无法一一致谢，敬请谅解。我们对诸位的诚挚谢意，已融入十卷书中，深沉，长久。

　　对于全集的编校工作，我们虽尽了最大的努力，但限于学识，难免存在疏漏、差错，恳请广大读者批评指正。

《常书鸿全集》项目组

2022 年 1 月